FINANÇAS EM EDUCAÇÃO

Dados Internacionais de Catalogação na Publicação (CIP)

L864f Lopes, Maria de Fátima.

Finanças em educação / Maria de Fátima Lopes. – São Paulo, SP : Cengage, 2016.

Inclui bibliografia.
ISBN 13 978-85-221-2887-7

1. Contabilidade – Educação. 2. Contabilidade.
3. Balanço patrimonial. 4. Demonstrações financeiras.
5. Auditoria - Normas. I. Título.

CDU 657:37
CDD 657.3

Índice para catálogo sistemático:

1. Contabilidade: Educação 657:37

(Bibliotecária responsável: Sabrina Leal Araujo – CRB 10/1507)

FINANÇAS EM EDUCAÇÃO

CENGAGE

Austrália • Brasil • México • Cingapura • Reino Unido • Estados Unidos

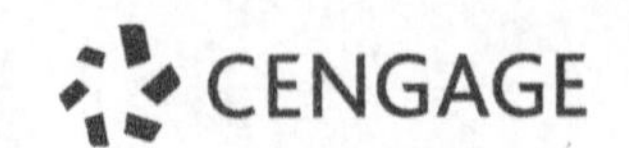

Finanças em educação

Autora: Maria de Fátima Lopes

Gerente editorial: Noelma Brocanelli

Editoras de desenvolvimento:
Gisela Carnicelli, Regina Plascak e Salete Guerra

Coordenadora e editora de aquisições:
Guacira Simonelli

Produção editorial: Fernanda Troeira Zuchini

Copidesque: Sirlene M. Sales

Revisão:
Simone M. Sales e Renata Eanes Roma

Diagramação: Alfredo Carracedo Castillo

Capa: Estúdio Aventura

Imagens usadas neste livro por ordem de páginas:
Lucian Milasan/Shutterstock; Rawpixel/ Shutterstock; Nonwarit/ Shutterstock; Jaimie Duplass/ Shutterstock; Juergen Priewe/ Shutterstock; nasirkhan/Shutterstock; Syda Productions/Shutterstock; StevanZZ/ Shutterstock; All Vectors/Shutterstock; Rawpixel/Shutterstock; Andrey Popov/ Shutterstock; nito/Shutterstock; St22/ Shutterstock; filmfoto/Shutterstock; patpitchaya/Shutterstock; Vasin Lee/ Shutterstock; file404/Shutterstock; Dacian G/Shutterstock; Lightspring/Shutterstock; Palto/Shutterstock; Dirk Ercken/Shutterstock; Myimagine/Shutterstock.

ISBN 13: 978-85-221-2887-7
ISBN 10: 85-221-2887-1

Cengage Learning Edições Ltda.
Condomínio E-Business Park
Rua Werner Siemens, 111 - Prédio 11
Torre A - Conjunto 12
Lapa de Baixo - CEP 05069-900 - São Paulo - SP
Tel.: (11) 3665-9900 Fax: 3665-9901
SAC: 0800 11 19 39

Para suas soluções de curso e aprendizado, visite
www.cengage.com.br

Impresso no Brasil
Printed in Brazil

Apresentação

Com o objetivo de atender às expectativas dos estudantes e leitores que veem o estudo como fonte inesgotável de conhecimento, esta **Série Educação** traz um conteúdo didático eficaz e de qualidade, dentro de uma roupagem criativa e arrojada, direcionado aos anseios de quem busca informação e conhecimento com o dinamismo dos dias atuais.

Em cada título da série, é possível encontrar a abordagem de temas de forma abrangente, associada a uma leitura agradável e organizada, visando facilitar o aprendizado e a memorização de cada assunto. A linguagem dialógica aproxima o estudante dos temas explorados, promovendo a interação com os assuntos tratados.

As obras são estruturadas em quatro unidades, divididas em capítulos, e neles o leitor terá acesso a recursos de aprendizagem como os tópicos *Atenção*, que o alertará sobre a importância do assunto abordado, e o *Para saber mais*, com dicas interessantíssimas de leitura complementar e curiosidades incríveis, que aprofundarão os temas abordados, além de recursos ilustrativos, que permitirão a associação de cada ponto a ser estudado.

Esperamos que você encontre nesta série a materialização de um desejo: o alcance do conhecimento de maneira objetiva, agradável, didática e eficaz.

Boa leitura!

Prefácio

A ideia de administrar alguma coisa sempre esteve atrelada a procedimentos burocráticos e complexos, ocasião em que se visa envolver um gestor para que fique à frente da organização.

Não são somente as entidades ou companhias que visam lucro que carecem de gestão; as organizações e entidades que não possuem tal finalidade também necessitam de amparo.

Uma escola, um hospital público, um museu ou uma biblioteca não funcionam por si, somente. Dependem do auxílio que advém do poder público e, às vezes, da iniciativa privada.

Saber o que fazer com a verba fornecida é de extrema importância, uma vez que dela dependem a aquisição de materiais, insumos, custeio de funcionários e servidores.

Para compreender melhor a dinâmica da administração no meio do ensino, apresentamos, neste material, um conteúdo conciso e dinâmico, com a abordagem dos principais temas relacionados à questão.

Na Unidade 1, o leitor terá acesso aos temas básicos de contabilidade, um apanhado das demonstrações contábeis e os procedimentos para a execução de convênio com a unidade executora.

Já na Unidade 2, são explorados temas pertinentes à escrituração contábil, plano de conta e repasse de verba por parte do município.

A Unidade 3 apresenta os conceitos de demonstração de resultados, balanço patrimonial e demonstração das origens e aplicação de recursos.

Finalmente, na Unidade 4, o leitor irá se deparar com os conceitos de auditoria, tanto a externa como a interna, e a sua importância na administração de uma entidade.

Junto com o material, o leitor terá acesso a fóruns, situações-problemas, anexos e planilhas que o ajudarão a compreender melhor a matéria.

Esperamos que a leitura possa elucidar aspectos complexos do ato de administrar.

UNIDADE 1

PRINCÍPIOS FUNDAMENTAIS DA CONTABILIDADE

1. Conceito

A Contabilidade possui objeto próprio, que é o patrimônio das empresas ou entidades. É vista como uma ciência social devido aos conhecimentos transmitidos por métodos racionais, onde os registros de **mutações** patrimoniais são os objetos principais das companhias.

Controlar, organizar, administrar e dirigir está de acordo com a finalidade social da entidade. Portanto, todas as formas de controle, procedimentos, técnicas e sistemas que são usuais são apenas aspectos da contabilidade aplicadas na solução de questões práticas, que os relatórios contábeis geram através de informações inseridas no contexto contábil.

Quando se fala em princípios, temos a ideia de início ou a origem de alguma coisa. Essa palavra é derivada do latim *principium*, que é sinônimo de origem, começo.

Pode determinar a espécie ou norma jurídica. O seu conteúdo é genérico, isto é, não é específico ou individualizado e pode atingir a todos igualmente, de forma genérica.

Podemos entender que os princípios fundamentais da contabilidade, por serem genéricos, tornam-se o núcleo central da contabilidade como condição de ciência social, uma vez que deve estar revestida de veracidade e universalidade.

Na contabilidade, os princípios fundamentais valem para todas a empresas ou instituições, independente do seu patrimônio, da sua finalidade, do seu uso ou de sua forma jurídica.

2. Fonte legal da Contabilidade e a sua importância

É através das Normas Brasileiras de Contabilidade – NBC-T que são estabelecidas as regras para executar os registros contábeis, as demonstrações e análises de variações do patrimônio que possibilitam ao profissional elaborar relatórios projetando investimento e custos para o futuro da entidade.

PARA SABER MAIS! As Normas Brasileiras de Contabilidade estabelecem regras de conduta profissional e procedimentos técnicos a serem observados na realização dos trabalhos previstos na Resolução CFC n. 560/83, de 28 de outubro de 1983, em harmonia com os Princípios Fundamentais de Contabilidade. Na sua condição de ciência social, cujo objeto é o Patrimônio, a contabilidade busca, por meio da apreensão, da quantificação, da classificação, do registro, da eventual sumarização, da demonstração, da análise e do relato das mutações sofridas pelo patrimônio da entidade particularizada, a geração de informações quantitativas e qualitativas sobre ela, expressas tanto em termos físicos, quanto monetários. As normas classificam-se em "pro-

fissionais" e "técnicas", sendo enumeradas sequencialmente. As normas profissionais estabelecem regras de exercício profissional, caracterizando-se pelo prefixo "NBC P". As normas técnicas estabelecem conceitos doutrinários, regras e procedimentos aplicados de Contabilidade, caracterizando-se pelo prefixo "NBC T". Todas as normas de contabilidade estão disponíveis no site do Conselho Federal de Contabilidade: <http://www.cfc.org.br/>.

A contabilidade registra o passado e somente tem conhecimento da natureza das ações executadas depois de efetivadas, isto é, hoje ela registra em seus sistema o que já ocorreu. Por essa razão é que os controles internos são necessários: para se ter, diariamente, o controle das ações que são executadas, de **natureza financeira**, econômica e física do patrimônio.

O registro após as ações já terem sido executadas não muda o passado, mas torna possível planejar e alterar o futuro através do uso das aplicações dos relatórios contábeis.

Entende-se que o princípio tem por objeto a caracterização da empresa e de seu patrimônio: a sua avaliação e mutação do resultado de tudo que foi registrado é que irá influenciar, diretamente, o patrimônio líquido ao final. Os princípios alcançam o patrimônio em sua totalidade, pois qualquer procedimento executado na contabilidade terá um resultado que irá desaguar no patrimônio líquido da empresa. É por meio dessas informações que serão gerados relatórios para os eventos futuros, pois o passado já ocorreu e foi registrado.

Existe uma palavra chave na contabilidade para que se expresse a realidade da empresa, que é a "informação" fornecida pela companhia. Esta deve ser verdadeira, transparente e objetiva, e deve estar de acordo com os procedimentos que atendam aos requisitos necessários à contabilidade.

Os princípios da contabilidade são inalterados, enquanto os procedimentos de contabilidade se adequam e se alteram de acordo com a necessidade da companhia, que tem o objetivo de apresentar seus relatórios para projeções futuras através de provisões orçamentárias, que podem ser de longo prazo, dependendo da atividade empresarial.

3. Aspectos contábeis das entidades sem fins lucrativos

De acordo com as "NBC T 10.19 – Normas Brasileiras de Contabilidade", as Entidades sem fins Lucrativos:

> *"(...) exercem atividades assistencial, de saúde, educacionais, técnicos científicas esportiva, religiosas, políticas, culturais, beneficentes, sociais, de conselhos de classe e outras, administrando pessoas, coisas, fatos e interesses coexistentes, e coordenados em torno de um patrimônio com finalidade comum ou comunitária".* (item 10.19.1.6)

Elas:

> *"(...) são constituídas sob a forma de fundações públicas ou privadas, ou sociedades civis, nas categorias de entidades sindicais, culturais, associações de classes, partidos políticos, ordem dos advogados, conselhos federais, regionais e seccionais de profissões liberais, clube esportivos não comerciais e outras entidades enquadradas no conceito".* (item 10.19.1.5)

A norma, por fim, estabelece no item 10.19.1.7:

> *"Por se tratar de entidades sujeitas aos mesmos procedimentos contábeis, devem ser aplicadas, no que couberem, as diretrizes da NBC T 10.4 às Fundações; e a NBC T 10.18 às Entidades Sindicais e Associações de Classe."*

Para atender às disposições gerais da NBC T, se faz necessário que, no encerramento do exercício e no ato da publicação do Balanço Patrimonial e da Demonstração do Resultado da Entidade, este venha acompanhado de notas explicativas. Tais notas são as informações adicionais que demonstram todas as mutações do patrimônio líquido e do fluxo de caixa. Elas têm a finalidade de esclarecer, também, quais dados não se qualificam como contábeis. Todas essas informações são essenciais para a apresentação dos relatórios citados (Balanço Patrimonial e Demonstração do Resultado da Entidade).

As notas explicativas devem ser apresentadas na seguinte ordem:

a) declaração de que as demonstrações contábeis foram elaboradas em conformidade com a Norma;

b) resumo das principais práticas contábeis utilizadas;

c) informações de auxílio aos itens apresentados nas demonstrações contábeis, na ordem em que cada demonstração é apresentada e na ordem em que cada conta é apresentada na demonstração; e

d) quaisquer outras divulgações.

Além disso, as disposições gerais vêm para orientar o atendimento das empresas às exigências legais sobre todos os procedimentos contábeis que devem ser cumpridos pelas entidades sem fins lucrativos e quais direitos e **benefícios fiscais** as atendem. As isenções de tributos estão enumeradas no artigo 150, inciso VI, alínea "c", e artigo 195, ambos da Constituição Federal. As entidades precisam atender aos requisitos legais dispostos no artigo 14 do Código Tributário Nacional para terem direito a tais isenções.

Assim estabelece o artigo 150, inciso VI, alínea "c", da Constituição Federal do Brasil:

> *"Art. 150. Sem prejuízo de outras garantias asseguradas ao contribuinte, é vedado à União, aos Estados, ao Distrito Federal e aos Municípios:*
>
> *(...)*
>
> *VI – instituir impostos sobre:*
>
> *(...)*
>
> *c) patrimônio, renda ou serviços dos partidos políticos, inclusive suas fundações, das entidades sindicais dos trabalhadores, das instituições de educação e de assistência social, sem fins lucrativos, atendidos os requisitos da lei".*

Os requisitos mencionados na Constituição Federal estão previstos no Código Tributário Nacional, como mencionado, precisamente no artigo 14, que diz:

> *"Art. 14. O disposto na alínea c do inciso IV do artigo 9º é subordinado à observância dos seguintes requisitos pelas entidades nele referidas:*
>
> *I – não distribuírem qualquer parcela de seu patrimônio ou de suas rendas, a qualquer título;*
>
> *II – aplicarem integralmente, no País, os seus recursos na manutenção dos seus objetivos institucionais;*
>
> *III – manterem escrituração de suas receitas e despesas em livros revestidos de formalidades capazes de assegurar sua exatidão.*
>
> *§ 1º Na falta de cumprimento do disposto neste artigo, ou no § 1º do artigo 9º, a autoridade competente pode suspender a* ***aplicação*** *do benefício.*
>
> *§ 2º Os serviços a que se refere a alínea c do inciso IV do artigo 9º são exclusivamente, os diretamente relacionados com os objetivos institucionais das entidades de que trata este artigo, previstos nos respectivos estatutos ou atos constitutivos".*

A contabilidade das entidades sem fins lucrativos é regida pela Lei das Sociedades por Ações (Lei n. 6.404/76), que define a estrutura patrimonial dessas empresas indicadas como de **terceiro setor**.

De acordo com o Conselho Federal de Contabilidade (CFC, 2008), o terceiro setor apresenta as seguintes características básicas:

a) promoção de ações voltadas para o bem estar comum da coletividade;

b) manutenção de finalidade não lucrativas;

c) adoção de personalidade jurídica adequada aos fins sociais (associação ou fundação);

d) atividades financiadas por **subvenções** do primeiro setor (Estado, representado pelos municípios, estado, Distrito Federal e União, do qual são denominados setores públicos).

Portanto, são consideradas entidades sem fins lucrativos aquelas constituídas com os objetivos de exercerem atividades assistenciais, filantrópicas, associações culturais, educacionais, religiosas, técnicos cientificas, esportivas, políticas, sindicais, conselhos de classes, inclusive as fundações, nas quais se aplicam os Princípios Fundamentais de Contabilidade, bem como as Normas Brasileiras de Contabilidade e sua Interpretações Técnicas e Comunicados Técnicos, então editados pelo Conselho Federal de Contabilidade. É através do setor público que há o repasse financeiro para as ações sociais, por meio de convênios firmados com as entidades sem fins lucrativos.

Por serem entidades sem fins lucrativos, seus resultados, quando positivos, são denominados **superávits** do exercício e, se negativos, déficits do exercício. Não deve haver retiradas, como distribuição de lucro, nem remuneração aos diretores.

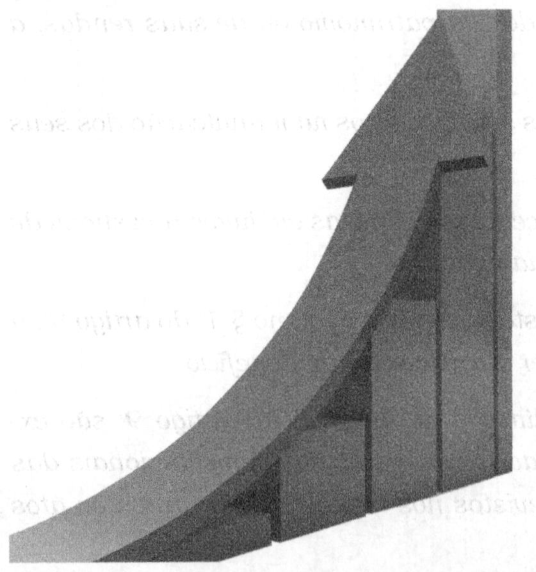

Caso isso ocorra, a entidade perderá o benefício fiscal da isenção de impostos, devendo a partir daí ser tributada em toda a sua movimentação de receitas, passando do seu **objeto social** e sendo então enquadrada como fins lucrativos, haja visto ter se desviado da sua finalidade social. A consequência será a perda da isenção e a tributação de receitas, além do não recebimento de verbas oriundas de órgãos públicos.

10.19.2 – DO REGISTRO CONTÁBIL

10.19.2.1 "As receitas e despesas devem ser reconhecidas, mensalmente, respeitando os Princípios Fundamentais de Contabilidade, em especial os Princípios da Oportunidade e da Competência."

10.19.2.2 "As entidades sem finalidade de lucros devem constituir provisão em montante suficiente para cobrir as perdas esperadas, com base em estimativas de seus prováveis valores de realização, e baixar os valores prescritos, incobráveis e anistiados."

10.19.2.3 "As doações, subvenções e contribuições para custeio são contabilizadas em contas de receitas. As doações, subvenções e contribuições patrimoniais, inclusive as arrecadadas na constituição da entidade, são contabilizadas no ***patrimônio social****."*

10.19.2.4 "As receitas de doações, subvenções e contribuições para custeio ou investimento, devem ser registradas mediante documento hábil."

10.19.2.5 "Os registros contábeis devem evidenciar as contas de receitas e despesas, superávit ou déficit, de forma segregada, quando identificáveis por tipo de atividade, tais como educação, saúde, assistência social, técnico cientifica e outras, bem como comercial, industrial ou de prestação de serviços."

10.19.2.6 "A receita de doações, subvenções, recebidas para aplicação específica, mediante constituição ou não de fundos, devem ser registradas em contas próprias, segregadas das demais contas da entidade."

10.19.2.7 "O valor do superávit ou déficit do exercício deve ser registrado na conta Superávit ou Déficit do Exercício, enquanto não aprovado pela Assembleia dos Associados; e, após a sua aprovação, deve ser transferido para a conta Patrimônio Social."

As receitas e despesas devem ser reconhecidas mensalmente, respeitando os princípios fundamentais da contabilidade, em especial os princípios da oportunidade e da competência.

O reconhecimento dessas despesas e receitas pela contabilidade se dá pela escrituração da movimentação mensal.

Escrituração é o registro dos fatos que ocorrem com o patrimônio, que é feito em ordem cronológica. A função, portanto, dos registros contábeis é evidenciar a expressão monetária da evolução dos fatos já ocorridos.

Através da escrituração da movimentação das despesas e receitas é que a contabilidade gera as demonstrações contábeis, como os **balancetes** mensais, demonstrações de receitas e despesas – DRE, ou demonstração do superávit/déficit para das entidades sem fins lucrativos, as variações patrimoniais e, por conseguinte, análise de balanços que posicionam a administração quanto à evolução patrimonial da entidade.

Para se confirmar a veracidade dos relatórios gerados pela escrituração contábil, existe a auditoria, que consiste em examinar todos os documentos, livros e registros contábeis, de acordo com as normas e procedimentos contábeis.

As receitas e despesas devem ser reconhecidas de acordo com o Princípio da Oportunidade, que se reporta, simultaneamente, à tempestividade e integridade dos registros contábeis e suas mutações. Isso significa que essas mutações devem ser registradas de imediato, de forma correta e independente de suas causas originárias, demonstrando as variações ocorridas no patrimônio da entidade. Portanto, é no princípio da oportunidade que se reconhece as movimentações patrimoniais no momento em que elas ocorreram e, mesmo na incerteza, devem ser reconhecidas, pois caso as movimentações contábeis não sejam registradas no momento em que tenham ocorrido, os relatórios gerados ficarão incompletos.

O Princípio da Competência diz que as receitas e despesas devem ser reconhecidas e incluídas na apuração do resultado, no período em que ocorrerem, independente do pagamento ou recebimento. Portanto para as despesas ou receitas que ocorreram a prazo, o seu reconhecimento se dará no momento em que o fato ocorreu. Neste caso, não importa a forma de pagamento ou recebimento. Por exemplo, uma compra a prazo deve ser registrada em “despesa em contrapartida”, em contas a pagar. O mesmo ocorre com vendas a prazo: serão contabilizadas com vendas a prazo, em “contrapartida de **duplicatas a receber**”.

É o princípio da competência que determina quando a alteração no ativo ou no passivo resultará em diminuição ou aumento no patrimônio líquido.

As **doações** e subvenções são registradas em contas de receitas específicas, determinadas como *receitas para custeio*. São receitas que são executadas com as despesas de custeio, enquanto as doações e subvenções para o investimento serão contabilizadas como patrimônio social da entidade. Por exemplo, bens permanentes são considerados investimento e, por isso, fazem parte do patrimônio social da entidade.

Para o registro na contabilidade, os documentos devem estar munidos de veracidade, ou seja, é imprescindível que sejam apresentados os documentos originais, fiscalmente legais e de fácil confirmação de veracidade e autenticidade junto aos órgãos públicos. Por esta razão é que se exige documentos em versão original, não se admitindo, portanto, cópia ou qualquer outro tipo de reprodução.

Os registros contábeis devem ser claros e de fácil entendimento, separados por grupos de despesas e receitas, evidenciando sempre a finalidade da entidade.

Pelo fato da entidade receber subvenções de órgãos públicos, ou doações de terceiros, deve-se ter a preocupação em demonstrar, através de relatórios, para quem quiser verificar, a autenticidade dos gastos e aplicação dos recursos recebidos.

O superávit ou o déficit do exercício deve estar evidenciado em conta própria da contabilidade antes da aprovação pela Assembleia Geral dos associados e, depois, transferida para o Patrimônio Social da Entidade.

4. Demonstrações contábeis

De acordo com as NBC T.3.3, as demonstrações contábeis destinam-se a evidenciar a composição do resultado formado num determinado período de operações da entidade.

Esse período é definido como exercício social, onde serão registrados todos os fatos ocorridos através da escrituração contábil, de forma analítica e em ordem cronológica. Dessa movimentação contábil serão elaboradas as demonstrações contábeis, por meio de relatórios que são necessários para a avaliação da mutação do patrimônio social.

> *10.19.3 DAS DEMONSTRAÇÕES CONTÁBEIS*
>
> *10.19.3.1 "As demonstrações contábeis, que devem ser elaboradas pelas Entidades sem finalidade de lucros, são as determinadas pela NBC T 3 – Conceito, Conteúdo, Estrutura e Nomenclaturas das Demonstrações Contábeis, e a sua divulgação pela NBC T 6 – Da Divulgação das Demonstrações Contábeis."*
>
> *10.19.3.2 "Na aplicação das normas contábeis, em especial a NBC T3, a conta Capital deve ser substituída por Patrimônio Social, integrante do grupo Patrimônio Liquido, e a conta Lucros ou Prejuízos Acumulados por Superávit ou Déficit do Exercício."*
>
> *10.19.3.3 "As demonstrações contábeis devem ser complementadas por notas explicativas que contenham, pelo menos, as seguintes informações:*
>
> *a) o resumo das principais práticas contábeis;*

b) os critérios de apuração das receitas e das despesas, especialmente com gratuidades, doações, subvenções, contribuições e aplicações de recursos;

c) as contribuições previdenciárias, relacionadas com a atividade assistencial devem ser demonstradas como se a entidade não gozasse de isenção, conforme normas do Instituto Nacional do Seguro Social (INSS);

d) as subvenções recebidas pela entidade, a aplicação dos recursos e as responsabilidades decorrentes dessas subvenções;

e) os fundos de aplicação restrita e as responsabilidades decorrentes desses fundos;

f) Evidenciação dos recursos sujeitos a restrições ou vinculações por parte do doador;

g) Eventos subsequentes à data do encerramento do exercício que tenham, ou possa vir a ter, efeito relevante sobre a situação financeira e os resultados futuros da entidade;

h) as taxas de juros, as datas de vencimento e as garantias das obrigações a longo prazo;

i) Informações sobre os tipos de seguros contratados;

j) as entidades educacionais, além das notas explicativas, devem evidenciar a adequação das receitas com as despesas de pessoal, segundo parâmetros estabelecidos pela lei das Diretrizes e Bases da Educação e sua regulamentação;

k) as entidades beneficiadas com a isenção de tributos e contribuições devem evidenciar, em Notas explicativas, suas receitas com e sem gratuidade, de forma segregada, e os benefícios fiscais gozados."

As demonstrações contábeis, ao final do exercício, evidenciarão os registros nas contas de receitas com doações e subvenções, como todas as receitas com aplicações financeiras. As despesas oriundas dessas doações e subvenções, bem como despesas com custeio, manutenção da entidade, com educação, esportes, dependem do objeto do convênio firmado pela verba pública ou pelo objeto social da entidade.

As demonstrações contábeis devem ser evidenciadas de forma ordenada:

- as receitas oriundas das doações, subvenções;
- receitas com aplicações financeiras;
- descontos obtidos; e
- despesas com o convênio, analíticas de acordo o plano de execução das despesas, (manutenção predial, com educação etc.).

Em suma, todas as despesas de acordo com plano de contas, individualizando cada conta de despesas ocorrida.

Nas demonstrações contábeis da **entidade sem fins lucrativos**, não existe o capital social, como uma empresa comercial ou industrial. O que existe é o patrimônio social. A conta de lucros ou prejuízos acumulados na entidade é o superávit ou déficit do exercício.

A publicação do balanço patrimonial e das demonstrações contábeis devem ser acompanhadas de notas explicativas, que tem por objetivo fornecer informações e tornar público todos os atos executados da entidade a partir dos registros contábeis.

5. Contabilidade na Educação

Associações sem fins lucrativos que atuam na educação são entidades constituídas que possuem personalidade jurídica de direito privado, sem a finalidade do lucro, cujo resultado positivo não é destinado à distribuição, e são definidos como superávit ou déficit do exercício. Por isso, devem seguir as regras contábeis de acordo com o Conselho Federal de Contabilidade.

Os fundamentos que norteiam a contabilidade das diversas entidades, nas quais podemos inserir a educação, estão dispostos nos Princípios Fundamentais e Normas Brasileiras de Contabilidade, do Conselho Federal de Contabilidade.

É atribuição privativa do Conselho Federal de Contabilidade editar normas que devem ser cumpridas por todos os profissionais da área de contabilidade.

A Contabilidade na Educação existe devido à necessidade de controlar e registrar as despesas e receitas de verbas oriundas de órgãos públicos, como União, Estados e Municípios, através de convênios firmados com as entidades sem fins lucrativos. É através do registro contábil de todas as movimentações financeiras e econômicas que será apurado se houve superávit ou déficit.

Além de assegurar o controle dos recursos recebidos oriundos de convênios, tem a finalidade de fornecer informações sobre a composição dos saldos diários ou mensais, bem como o resultado das atividades econômicas e financeiras dos eventos alistados no **plano de trabalho**, firmado no ato do convênio.

A contabilidade é um recurso técnico que dá ao contador elementos necessários à assessoria e consultoria desenvolvidas para atender às necessidades das entidades ou empresas com ou sem fins lucrativo. A contabilidade não é específica, mas, sim, genérica.

A entidade é a gestora e responsável pela administração da verba recebida para controlar as despesas, de acordo com as receitas, a fim de que não ocorram gastos em excesso, e seja constatado, ao final, um déficit que deverá ser ressarcido pela própria entidade.

Para a contabilidade apurar os dados é necessário que sejam fornecidas, mensalmente, as despesas e receitas para que sejam contabilizadas e, ao final, apurado o resultado, sejam gerados os relatórios necessários para a devida **prestação de contas** da entidade junto ao órgão publico.

É através das informações geradas que a contabilidade elaborará os relatórios, como os demonstrativos contábeis mensais, planilhas de execução das despesas e as prestações de contas, que podem ser mensais ou trimestrais.

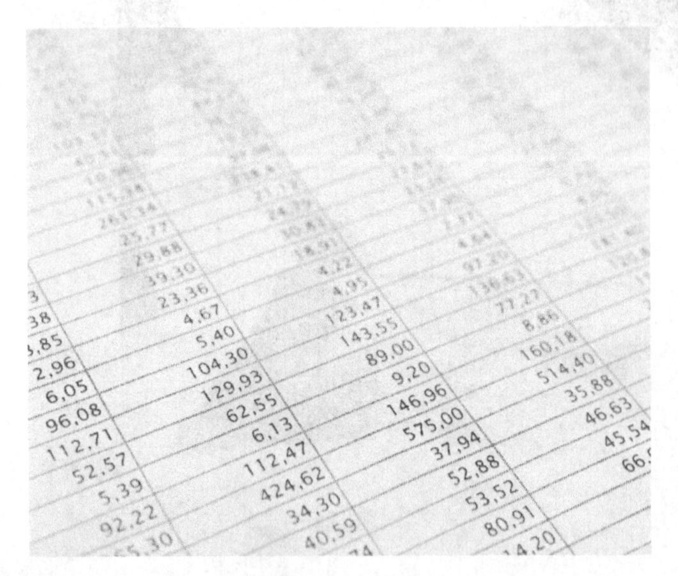

Através, desses relatórios, o **gestor** responsável pela administração da verba tem uma ferramenta eficiente para o controle efetivo da execução das despesas dentro do que é conveniado no plano de trabalho.

Para o gestor seguir o plano de trabalho é necessário que haja um controle de despesas e receitas da execução de despesas, que pode ser executado através de planilhas próprias para o acompanhamento individual de cada tipo de despesa, como uma planilha só para as despesas de custeio, em que o saldo será diário de acordo com os gastos efetuados.

Qualquer empresa tem por objetivo o lucro. Por essa razão, a contabilidade é uma ferramenta para o empresário, um termômetro para avaliar a vida financeira, econômica da empresa e, com isso, prevenir os possíveis reveses da economia através dos relatórios contábeis que são elaborados, como orçamentos anuais e planejamentos financeiros a longo prazo.

A contabilidade na educação tem por objetivo atender aos executores de verbas oriundas de convênios com a União, como FNDE (Fundação de Desenvolvimento da Educação) e Municípios, através da Secretaria de Educação e Estados.

Apesar dessas entidades serem de personalidade jurídica de direito privado, a aplicação da verba tem o objetivo de beneficiar alunos, professores em treinamento pedagógico, adequação do espaço, manutenção do prédio, da administração escolar e de acordo com o convênio firmado.

Um exemplo de convênio é a verba direcionada ao ensino fundamental, pela Fundação Nacional do Desenvolvimento na Educação – (FNDE), através de diversos programas. Um deles é especifico para o ensino fundamental, através do Programa do Dinheiro Direto na Escola, o PDDE.

O PDDE, de acordo com o artigo 22, da MP (Medida Provisória) n. 455, de 28 de janeiro de 2009, é:

> *"O Programa Dinheiro Direto na Escola – PDDE, com o objetivo de prestar assistência financeira, em caráter suplementar, às escolas públicas da educação básica das redes Estaduais, Municipais e do Distrito Federal e às escolas de educação especiais qualificadas como beneficentes de assistência social ou de atendimento direto e gratuito ao público, bem como às escolas mantidas por entidades de tais gêneros".*

A verba do PDDE é direcionada para ser investida na manutenção do bem estar dos alunos, na conservação e manutenção do prédio, das salas de aulas, na alimentação, nos uniformes, no material escolar, na segurança e em tudo o que for necessário, desde que atenda ao plano de trabalho elaborado sempre no ano que antecede o próximo exercício escolar.

Esses recursos têm o objetivo de cobrir a possível falta de materiais de responsabilidade do órgão público, que demorariam a chegar até à escola por entraves da burocracia, uma vez que a aquisição de qualquer material exige a realização de licitação, conforme estabelece a Lei n. 8.666/93. Para alguns casos há a exigência de licitação, porém, o processo é mais rápido e não oneroso, pois não há custos para se licitar caso haja necessidade. Portanto, para a aquisição de material, é necessário que haja, no mínimo, três orçamentos e, caso o valor exceda a R$ 8.000,00, a entidade deverá seguir as regras da Lei n. 8.666/93 – da Licitação.

O gestor responsável pela administração e execução da verba do convênio deve se revestir dos princípios que norteiam os gastos públicos. Sendo personalidade jurídica de direito privado, deve lembrar que o recurso é publico e, por isso, seguir os princípios constitucionais norteadores da administração pública, de acordo com o artigo 37 da Constituição Federal de 1988, princípios esses que são: legalidade, impessoalidade, moralidade, publicidade e ética.

A legalidade estabelece que nada pode ser tratado que não esteja definido em lei. A impessoalidade impõe o tratamento a todos sem discriminação, ou seja, a escolha pessoal do gestor não deve interferir nos gastos. Já a moralidade são os atos administrativos que devem ser tratados em conformidade com os padrões éticos dominantes na sociedade para a gestão dos bens e interesses públicos, sob pena da invalidade jurídica. A publicidade estabelece que todos os atos administrativos oriundos dos gastos desta verba devem ser divulgados e publicados, para a ciência da comunidade. A eficiência, por fim, impõe que a administração desta verba pública seja eficiente, com presteza, perfeição e rendimento funcional.

6. Responsabilidade da gestão financeira da unidade executora – u. e.

A palavra gestão é derivada do latim – *gestio, gestionis, gerere* – e significa dirigir, administrar. Pode ser definida também como a gerência ou a administração de bens alheios ou de outrem.

O convênio firmado com a entidade executora é, antes de tudo, precedido de Lei, (Federal, Estadual ou Municipal), que o autoriza. Isso quer dizer que não há possibilidade do órgão público repassar verbas a entidades sem fins lucrativos sem que a lei o estabeleça. Isso vai de acordo com o princípio da legalidade, visto no item anterior.

Por isso, deve-se atentar para que todos os recursos repassados a essas entidades sejam precedidos de fiscalização do Tribunal de Contas da União, do Estado ou do Município.

Neste caso, a unidade executora tem a responsabilidade de administrar, dirigir, ou mesmo gerenciar bens alheios, ou seja, a verba pública que lhe foi confiada através de um convênio firmado entre as partes. Portanto, convênio não é um contrato, pois existem interesses comuns entre a entidade e o órgão público.

A entidade executora desses recursos na educação pode ser representada na unidade escolar pelas Associações de Pais e Mestres, que são associações sem fins lucrativos, constituídas para esse fim, representadas pelos pais de alunos.

Quem administra a escola é o diretor escolar, mas as verbas ficam sob a responsabilidade do diretor executivo da entidade, tendo o diretor escolar o papel de gestão financeira. Sua responsabilidade é a de elaborar um plano de trabalho que atenda às necessidades da unidade escolar. É a direção escolar que direciona os gastos acompanhando o plano de trabalho de acordo com a verba recebida.

O diretor escolar deve estar atento à gestão financeira e administrativa da verba pública junto com o diretor executivo da entidade, que é o responsável pela execução da verba de acordo com o plano de trabalho e dentro do prazo determinado no convênio.

7. Procedimentos para a execução do convênio pela unidade executora

A unidade executora – u. e. –, obtém recursos para realização de despesas aplicadas na entidade escolar através de eventos internos, festas, doações de associados e campanhas internas. Esses recursos são determinados como próprios, pois não têm vínculo com nenhuma verba pública, podendo ser aplicados de acordo com a conveniência da unidade executora.

Outra forma de se obter receita é através de convênios firmados entre os órgãos públicos ou privados com a unidade executora para a realização de atividades de interesse comum entre as partes.

Os convênios são meios tradicionais de participação da sociedade civil na execução de atividades públicas, pois é através das associações que a sociedade participa desses eventos.

O convênio não é um contrato, pois o interesse entre as partes é comum. O interesse é social, pois a entidade vai atender, no caso da Educação, ao bem estar dos alunos.

Para ser firmado um convênio com um órgão público devem ser fixados os objetivos para atender às necessidades da comunidade que, nesse caso, são os alunos que ali estudam, e é através do plano de trabalho apresentado ao órgão público que esta verba será liberada, caso sejam atendidas as condições previstas na Lei.

Para ser firmado um convênio com algum órgão público e para que a sua execução se concretize, é indispensável o cumprimento de algumas exigências:

- plano de trabalho;
- razões que justificam a celebração do convênio;
- descrição completa do objeto a ser executado;
- descrição das metas a serem atendidas;
- etapas ou fases de execução do objeto;

- plano de aplicação dos recursos a serem desembolsados pela concedente a cada projeto ou evento.

O depósito do convênio firmado deve ser feito em conta corrente, especialmente aberta para esse fim, vinculada a uma conta poupança ou aplicação financeira, pois o convênio exige que todo recurso recebido seja aplicado e os juros reinvestidos no convênio.

O convênio firmado pode ser destinado às seguintes despesas:

a) custeio em geral – contempla despesas de manutenção escolar na área pedagógica, administrativa, cópias, recreação, contabilidade etc.;

b) custeio de acessibilidade, – contempla promover a acessibilidade social às dependências e salas de aulas, através de despesas para manutenção dos alunos portadores de deficiência;

c) custeio de manutenção predial – tem por objetivo a manutenção do prédio escolar, manutenção elétrica, hidráulica, e pequenos reparos;

d) custeio de biblioteca interativa – contempla assinaturas de jornais, revistas e reposição de livros;

e) custeio do laboratório de informática – contempla a manutenção do laboratório de informática, reposição de softwares, manutenção dos computadores etc.;

f) custeio do estudo do meio – contempla passeios, recreativos e pedagógicos, a parques, zoológicos, museus etc.

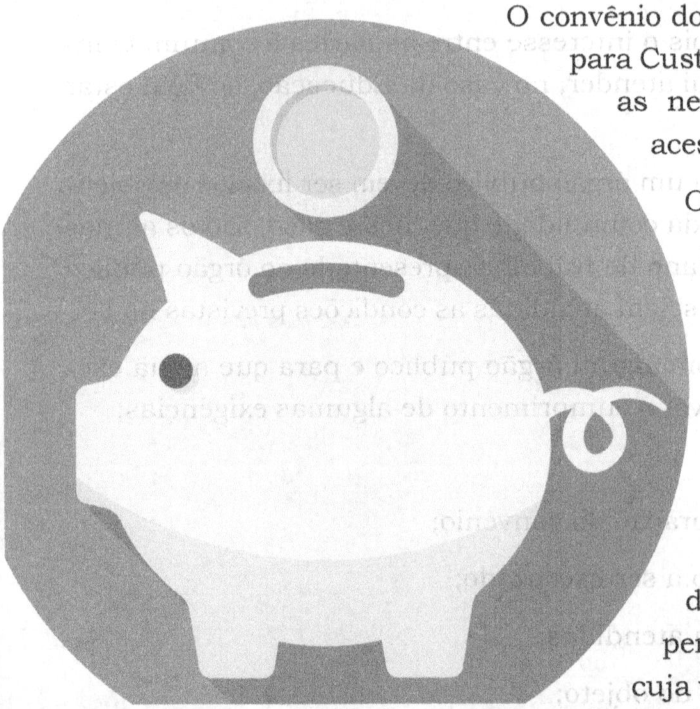

O convênio do PDDE contempla somente verba para Custeio e Capital, mas atende também as necessidades especiais, tais como acessibilidade.

O custeio no PDDE contempla todas as despesas dirigidas para a manutenção pedagógica, administrativa, manutenção predial, acessibilidade do prédio, e é através das listas de materiais que o FNDE direciona o que poderá ser comprado, ou não, com a verba.

O capital no PDDE contempla as despesas de investimento ou bens permanentes, isto é, toda aquisição cuja vida útil tenha mais de dois anos.

Investimento, para o PDDE, são os bens permanentes que, quando adquiridos, fazem parte do patrimônio da Unidade Escolar. Por isso, assim que a aquisição de um bem permanente seja efetuada, faz-se a doação para o órgão público.

No caso de convênio do PDDE, caso haja saldo no final do exercício que não tendo sido totalmente gasto, o valor será remanejado para o exercício seguinte.

Os convênios exigem controle e plano de trabalho para que sejam executados. As prestações de contas podem ser mensal, trimestral ou anual, como é o caso do PDDE.

O controle financeiro do convênio se inicia a partir do depósito do repasse à Unidade Executora e do início da execução do plano de trabalho.

Para um melhor controle é necessário que o gestor da verba faça um **fluxo de caixa** de cada evento com os saldos que tem a gastar, pois sem esse controle é mais difícil extrapolar a receita recebida.

Ao contratar serviços a entidade deve observar as seguinte regras:

- a emissão de Nota fiscal é eletrônica? Atualmente, na maioria dos municípios isso já acontece;
- no caso de compras, observar e confirmar a autenticidade junto à Secretaria da Fazenda. Recomenda-se consultar o **CNPJ** (Cadastro Nacional da Pessoa Jurídica);
- a entidade deve solicitar junto à contabilidade a verificação das dúvidas acima citadas, pois são dados técnicos, e ninguém melhor que um contador para verificar a autenticidade dos documentos;
- conferência dos dados da entidade nas notas fiscais emitidas, para verificar se a razão social da entidade, endereço e CNPJ estão corretos;
- as emissões de cheques devem ser nominais ao prestador, nunca ao portador;
- as notas fiscais devem ser quitadas pelo prestador, quando não pagas via boletos;
- não podem haver rasuras. Isso invalida a nota fiscal e ela deve ser cancelada;
- as notas fiscais de serviços tem retenção de tributos tais como:

  I – **ISS** – Imposto Sobre Serviços;

  II – **INSS** – Instituto Nacional de Seguridade Social;

  III – **IRRF** – Imposto de Renda Retido na Fonte;

  IV – **CSSL** – Contribuição Social Sobre o Lucro; e

  V – **COFINS** – Contribuição para o Financiamento da Seguridade Social;

- se houver retenção, repassar a nota fiscal ao contador para a emissão das guias para o pagamento dos impostos;
- no corpo de todas as notas fiscais devem constar o percentual ou valor de impostos pagos pelo prestador;
- deve-se verificar se as quantidades que compõem o produto comprado nas notas fiscais estão de acordo com os pedidos. Caso contrário, a correção da nota deverá ser solicitada;
- carta de correção não altera valor, somente dados como endereço e quantidade. Se houver um erro no valor, o cancelamento da nota fiscal deverá ser solicitado;
- antes de executar as despesas, a unidade executora deve providenciar três orçamentos do que vai ser comprado ou dos serviços a serem prestados. Além de avaliar o menor preço, a qualidade, tempo de entrega etc., devem ser analisados;
- registrar em atas, antes do início da execução das despesas, o recebimento da verba e o objeto desse repasse;
- a associação deve prestar contas ao público de todos os gastos, além de publicá-los nos murais da escola para o conhecimento da comunidade, para que não restem quaisquer dúvidas quanto à execução do repasse;
- através das assembleias ordinárias e extraordinárias, prestar contas à comunidade do repasse e gastos, publicando os balanços e as demonstrações contábeis anualmente, e, mensalmente, planilhas de execução dos gastos, tanto dos convênios, como dos recursos próprios;
- nenhum serviço deve ser pago antes da sua execução final, para não correr o risco do serviço não ser prestado;
- além dos orçamentos, o contrato de prestação de serviços deve ser feito;
- se o recurso repassado estiver aplicado no momento em que as despesas devem ser pagas e o resgate da aplicação não for automático, é necessário fazê-lo, pois cheques devolvidos geram tarifas que o convênio não paga;
- o convênio paga somente as tarifas de manutenção da conta corrente;
- os juros oriundos da aplicação financeira, se não forem contemplados no plano de trabalho, poderão ser gastos em qualquer evento, de acordo com a necessidade;
- se for prestador de serviços, deve-se atentar se é pessoa física ou pessoa jurídica, pois a tributação é diferente.

A Pessoa Física é um prestador autônomo. Ele possui nota fiscal eletrônica de serviços, porém, tem um diferencial: o tomador, no caso a unidade executora, deve recolher os impostos decorrentes do serviço prestado. Nesse caso, a retenção do INSS será de 11%, sobre a mão de obra, além de 20% a mais sobre o valor da mão de obra, que é a Contribuição Patronal Previdenciária – CPP, encargo previdenciário da unidade executora, recolhida através de uma GPS (Guia de Previdência Social), para a Previdência Social, podendo esse valor ultrapassar o total de gastos que foi repassado pelos órgãos públicos.

Isso significa que, quando se contrata mão de obra de pessoa física, deve-se aplicar em adição ao serviço o percentual de 20%.

É necessário estar atento, também, para que a **unidade executora** adote a competência de **regime de caixa** para os gastos. Não se compra a prazo e não se assume compromissos em longo prazo, como prestações, dívidas ou até empréstimos, pois os repasses servem para ser gastos de imediato e de acordo com as necessidades da Unidade Escolar no plano de trabalho.

No ato do repasse, devem-se fixar de imediato os objetivos da aplicação dessa verba nas necessidades imediatas que a unidade tem, tais como atender à falta de material pedagógico, material de recreação, material para a secretaria, e tudo o que for necessário para o bom andamento da Escola.

A **gestão financeira** se inicia com o depósito da verba em conta corrente que, de imediato, deve ser aplicada em conta poupança. Trata-se de um dos requisitos primordiais do convênio.

Todas as atividades e objetivos que são fixados ao longo do ano devem ser registrados em ata, onde há a participação de membros da Associação que votam e impõem as decisões acatadas.

Essas medidas são necessárias, pois dão transparência, legitimidade e autenticidade ao processo. Qualquer documentação e comprovação das despesas pagas devem ficar à disposição e serem públicas para quem quiser verificar ou até mesmo fiscalizar o gastos executados. Portanto, a gestão financeira deve prevenir equívocos que possam causar problemas internos ou externos à entidade na execução da verba. É necessário estar atento e ser cuidadoso ao comprar, pois os recursos são públicos e, caso haja algum problema de natureza contábil ou fiscal, deve-se consultar um contador, cuja assessoria é essencial para a fase da realização desse convênio.

Glossário – Unidade 1

Aplicação – investimentos financeiros com o intuito de não só resguardar o patrimônio, mas também de se obter retorno financeiro através de juros ou dividendos.

Balancetes – demonstração contábil mensal a fim de se visualizar os créditos e débitos de uma instituição.

Benefícios fiscais – regimes especiais de tributação direcionados a determinados setores da economia.

CNPJ – Cadastro Nacional de Pessoa Jurídica.

CSSL – Contribuição Social Sobre o Lucro Líquido, destinado a empresas que se enquadram em determinada faixa de tributação.

COFINS – Contribuição para o Financiamento da Seguridade Social aplicada sobre o valor bruto apresentado por uma empresa.

Doações – doação deliberada de bens, direitos ou moeda em espécie.

Duplicatas a receber – títulos provenientes de vendas a prazo.

Entidade sem fins lucrativos – entidade de direito privado, dotada de personalidade jurídica e caracterizada pelo agrupamento de pessoas para a realização e consecução de objetivos e ideais comuns, sem finalidade lucrativa.

Fluxo de caixa – instrumento de projeção financeira, que tem por objetivo o controle e administração financeira de despesas e de receitas.

Gestor – aquele que tem por responsabilidade administrar, dirigir e controlar algo que pertence a terceiros.

Gestão financeira – indica o controle e registro financeiro de todas as operações de receitas e despesas.

ISS – Imposto Sobre Serviços de qualquer natureza.

INSS – Instituto Nacional de Seguridade Social.

IRRF – Imposto de Renda Retido na Fonte.

Mutações – referem-se a mudanças que ocorrem no resultado da contabilidade e que influenciam o patrimônio da empresa.

Natureza financeira – toda movimentação que envolva finanças.

Objeto social – descrição da atividade econômica que será desenvolvida pela empresa, discriminada no contrato social de constituição.

Patrimônio social – é composto por fundos institucionais e especiais, doações públicas e privadas, do superávit e do déficit do exercício.

Plano de trabalho – é uma ferramenta que define os atos para execução e gestão das despesas.

Prestação de contas – refere-se à obrigatoriedade das entidades que recebem doações públicas de prestar contas dos gastos de acordo com o plano conveniado.

Regime de caixa – diz respeito ao pagamento de despesas à vista, e não a prazo, pois o recurso já está disponível para ser gasto.

Superávit – resultado positivo do patrimônio líquido das entidades sem fins lucrativos, que tem por finalidade ser reinvestido em favor do seu objeto social assistencial.

Subvenções – são doações provenientes de órgãos públicos firmadas com entidades sem fins lucrativos através de convênios.

Terceiro setor – são todas as entidades sem fins lucrativos.

Unidade executora – entidade que tem a responsabilidade de executar o plano de trabalho de acordo com a verba recebida do órgão público.

UNIDADE 2

OPERAÇÕES BÁSICAS DE CONTABILIDADE

1. Escrituração fiscal e contábil

O Conselho Federal de Contabilidade (CFC) aprovou, através da Resolução n. 1330/11, a Interpretação Técnica Geral (ITG) 2000 – que estabelece normas e regras para a **escrituração contábil**.

> *"Objetivo – Esta interpretação estabelece critérios e procedimentos a serem adotados para a escrituração contábil de seus fatos patrimoniais, por meio de qualquer processo, bem como a guarda e a manutenção da documentação e de arquivos contábeis e a responsabilidade do profissional da Contabilidade".*

A escrituração fiscal e contábil estabelece critérios e procedimentos a serem adotados pela entidade para que a contabilidade proceda aos lançamentos contábeis de todos os fatos ocorridos no patrimônio, bem como a organização dos arquivos, a guarda e a manutenção da documentação. O contador profissional deve seguir esses procedimentos, bem como observar as exigências da legislação e as normas aplicáveis.

A escrituração contábil é aplicada a todas as entidades independente do seu porte e natureza jurídica. A elaboração dos relatórios contábeis deve ser pautada nos Princípios da Contabilidade.

2. Formalidades da escrituração contábil

É através da escrituração contábil que a entidade tem o detalhamento de todos os lançamentos contábeis que devem estar alinhados ao **plano de contas**, adequados

às necessidades de informações necessárias para o desenvolvimento da sua atividade.

O detalhamento dos registros contábeis é essencial devido à complexidade das diversas operações realizadas pela organização. Um exemplo disso são os lançamentos das despesas oriundas de verbas públicas, pois com os lançamentos detalhados a entidade tem como verificar se os gastos estão de acordo com o plano de trabalho.

Existem alguns procedimentos a serem seguidos para a execução da escrituração contábil. São eles:

a) os registros contábeis devem ser escriturados em idioma e moeda corrente nacional;

b) as formalidades contábeis devem ser seguidas;

c) deve ser apresentado em ordem cronológica de dia/mês/ano;

e) não deve haver rasuras, emendas, borrões e nem espaços em branco; e

d) os documentos devem ser de origem externa ou interna, ou, caso esses documentos não estejam disponíveis, é necessária a existência de elementos que comprovem e evidenciem seus fatos contábeis, isso é, a prova de que o documento é hábil e comprova os fatos a serem contabilizados.

Após a escrituração dos fatos que habilitam a documentação para a contabilidade, há a exigência de dois livros contábeis, que são o "Livro Diário" e "Razão". Não devem ser em formato digital e devem estar revestidos de alguma formalidade extrínseca a eles. Algumas dessas formalidades são:

a) devem ser encadernados;

b) suas folhas devem ser numeradas a partir do termo de abertura até o termo de encerramento;

c) o termo de abertura e o termo de encerramento devem ser assinados pelo profissional da contabilidade regularmente habilitado pelo Conselho Regional de Contabilidade (CRC), e pelo responsável ou titular da organização; e

d) os Livros devem ser autenticados no cartório de registro público competente.

3. Documentação para a escrituração

A operação básica da contabilidade inicia-se, primeiramente, antes de qualquer lançamento contábil, com a verificação dos documentos.

A documentação deve ser hábil e comprovar os fatos que originam os lançamentos contábeis. Compreendem, assim, todos os documentos como notas fiscais, papéis e registros em livros. Um exemplo é o de movimentação do caixa, extratos bancários, cópias de cheques que comprovem a autenticidade dos pagamentos e todos os diversos documentos que apoiem ou componham a escrituração contábil.

O primeiro procedimento contábil é a conferência e verificação fiscal da documentação, como razão social, endereço, CNPJ, data, a quitação do documento quanto à sua validade e carimbos exigidos que justifiquem a origem do recurso.

A quitação dos documentos fiscais, como notas fiscais de serviços ou de compras, deve se dar por meio do carimbo de recebimento, devidamente assinado por quem recebeu, ou ainda, através da autenticação bancária, quando este for um boleto.

Deve acompanhar a documentação para a escrituração contábil as notas fiscais, cópias de cheques emitidos (que devem ser nominais ao tomador de serviços ou da empresa que vendeu ou forneceu produtos), extratos de toda a movimentação bancária e aplicação financeira mensal, como também o livro caixa, que é o registro de todos os pagamentos efetuados em moeda corrente nacional de despesas e receitas obtidas de doações e depósitos. Esta documentação deve estar anexa ao livro caixa para a devida conferência. O livro caixa deve ser assinado pelo Diretor Executivo ou Presidente, pelo tesoureiro (a) e pelo Diretor da Unidade Escolar, caso seja uma entidade da área da educação.

Com essa documentação em mãos, a contabilidade, após a sua conferência, dá inicio à Escrituração Fiscal e Contábil. A escrituração fiscal é o processo de registros das notas fiscais no sistema público e contábil. Um exemplo é as

notas fiscais de serviços que são escrituradas mensalmente no sistema eletrônico público. É através dessa escrituração que se emite as guias de pagamento de ISS – Imposto sobre serviços, que são retidos nas notas fiscais de serviços.

No caso do ISS para o setor público, os Municípios passaram a responsabilidade da retenção e recolhimento do tributo para o tomador de serviços (entidade). Caso o tomador não recolha, será cobrado pelos órgãos públicos.

Após a escrituração fiscal das notas de prestação de serviços, ao final de cada mês, o livro mensal de escrituração de Prestação de Serviços é gerado, bem como o Livro de Tomador de Serviços. Ao final do ano, o Livro Anual de Escrituração de Prestadores e Tomadores de Serviços é gerado.

A escrituração contábil se inicia, primeiramente, com a utilização de um plano de contas próprio à entidade para a classificação dos documentos. Após a classificação dos documentos, as notas fiscais, os **boletos**, as receitas, os juros moratórios, os juros passivos referentes ao pagamento em atraso serão classificados, escriturados e lançados no sistema de contabilidade.

Todos os registros contábeis devem ser feitos de imediato e seguindo o princípio contábil da oportunidade, que registra todos os fatos a partir de seu valor original.

É a partir da escrituração contábil que são gerados os relatórios denominados demonstrações contábeis, tais como: balancete mensal, demonstrações do resultado – DRE; e, no caso das entidades, demonstração do superávit/déficit e o balanço patrimonial.

O método de escrituração contábil mais conhecido é o método de partidas dobradas, em que para cada lançamento de débito haverá um correspondente no crédito, ou vice-versa.

A função da contabilidade é o controle contábil, em que a necessidade dos registros se dá através da escrituração e o controle através da geração de relatórios, que dão suporte ao gestor para administrar a entidade.

Para a escrituração dos fatos gerados para a contabilidade se faz necessário um plano de contas adequado ao objeto social da empresa, que é uma ferramenta essencial para classificação dos documentos e lançamentos contábeis.

Este plano de contas será elaborado de acordo com a conveniência e necessidade da entidade em apresentar os relatórios contábeis.

Exemplo de plano de conta adequado para as entidades sem fins lucrativos:

Código	Descrição das contas
1	**Ativo**
1.1	ATIVO CIRCULANTE
1.1.1	DISPONÍVEL
1.1.1.1	CAIXA GERAL
1.1.1.2	CAIXA
1.1.1.3	NUMERÁRIOS EM TRÂNSITO
1.1.2	BANCOS CONTA MOVIMENTO
1.1.2.1	BANCO XXX – SUBVENÇÕES
1.1.2.2	BANCO XXYY – SUBVENÇÕES – PDDE/FNDE
1.1.2.3	BANCO YYY – RECURSOS PRÓPRIOS
1.1.3	APLICAÇÕES FINANCEIRAS
1.1.3.1	POUPANÇA
1.1.3.2	INVESTIMENTOS
1.1.4	CRÉDITOS REALIZÁVEIS
1.1.4.1	CRÉDITOS DE ATIVIDADES SOCIAIS
1.1.4.2	MENSALIDADES
1.1.4.3	LAZER
1.1.4.4	EDUCAÇÃO
1.1.5	ALMOXARIFADO/ESTOQUE
1.1.5.1	MATERIAL DE ESCRITÓRIO
1.1.5.2	MATERIAL DE LIMPEZA
1.1.5.3	MATERIAL PEDAGÓGICO
1.1.6	ADIANTAMENTOS DIVERSOS
1.1.6.1	ADIANTAMENTOS SALÁRIOS
1.1.6.2	ADIANTAMENTO 13º SALÁRIO
1.1.6.3	ADIANTAMENTO FÉRIAS
1.1.6.4	ADIANTAMENTO DE DESPESAS

Código	Descrição das contas
1.1.7	IMPOSTOS E CONTRIBUIÇÕES A RECUPERAR
1.1.7.1	PIS A RECUPERAR
1.1.8	DESPESAS A APROPRIAR
1.1.8.1	PRÊMIOS DE SEGUROS
1.1.8.2	ASSINATURAS E PUBLICAÇÕES
1.2	ATIVO REALIZÁVEL EM LONGO PRAZO
1.2.1	TÍTULOS A RECEBER
1.2.1.1	DEPÓSITOS E CAUÇÕES
1.2.1.2	CRÉDITOS C/ ASSOCIADOS
1.3	ATIVO PERMANENTE
1.3.1	INVESTIMENTOS
1.4	ATIVO IMOBILIZADO
1.4.1	IMÓVEIS
1.4.2	MÓVEIS E UTENSÍLIOS
1.4.3	VEÍCULOS
1.4.4	MÁQUINAS E EQUIPAMENTOS
1.4.5	INFORMÁTICA
1.4.6	MARCAS E PATENTES
1.4.7	(-) DEPRECIAÇÃO, AMORTIZAÇÃO
2.	PASSIVO
2.1	PASSIVO CIRCULANTE
2.1.1	EMPRÉSTIMOS E FINANCIAMENTOS
2.1.2	FORNECEDORES
2.1.3	OBRIGAÇÕES TRIBUTÁRIAS
2.1.3.1	PIS S/FOLHA DE PAGAMENTO
2.1.3.2	IRRF

Código	Descrição das contas
2.1.3.3	PREVIDÊNCIA SOCIAL PATRONAL – RENÚNCIA FISCAL
2.1.3.4	FGTS
2.1.3.5	CONTRIBUIÇÃO SINDICAL
2.1.3.6	ISS RETIDO A RECOLHER
2.1.3.7	PREVIDÊNCIA SOCIAL – RETENÇÕES
2.1.4	OBRIGAÇÕES TRABALHISTAS
2.1.4.1	SALÁRIOS
2.1.4.2	FÉRIAS A PAGAR
2.1.4.3	13° SALÁRIO A PAGAR
2.1.5	**CONTAS A PAGAR**
2.1.5.1	HONORÁRIOS
2.1.5.2	ALUGUÉIS
2.1.5.3	ENERGIA ELÉTRICA
2.1.5.4	ÁGUA
2.1.5.5	TELEFONE
2.1.5.6	SEGUROS
2.1.6	PROVISÕES
2.1.6.1	PROVISÕES FÉRIAS
2.1.6.2	PROVISÕES 13° SALÁRIO
2.2	EXIGÍVEL EM LONGO PRAZO
2.2.1	OBRIGAÇÕES COM TERCEIROS
2.2.2	PARCELAMENTOS DE TRIBUTOS
2.2.3	FINANCIAMENTO DE IMOBILIZADO
2.2.4	RECEITAS DIFERIDAS
2.3	RECEITA DIFERIDA
2.3.1	MÓVEIS E UTENSÍLIOS
2.3.2	EQUIPAMENTOS DE INFORMÁTICA
2.3.3	MATERIAL A DISTRIBUIR

Código	Descrição das contas
2.4	RECEBIMENTOS ANTECIPADOS
2.4.1	SUBVENÇÕES
2.4.2	CONTRIBUIÇÕES E AUXÍLIOS
2.4.3	SUBVENÇÕES – FNDE/PDDE
2.5	**PATRIMÔNIO LÍQUIDO**
2.5.1	PATRIMÔNIO SOCIAL
2.5.2	FUNDO PATRIMONIAL
2.5.3	RESERVA DE REAVALIAÇÃO DE IMÓVEIS
2.5.4	DOAÇÕES E SUBVENÇÕES
2.5.4.1	SUBVENÇÕES GOVERNAMENTAIS
2.5.4.2	SUBVENÇÕES PRIVADAS
2.5.5.	RESULTADOS SOCIAIS
2.5.5.1	SUPERÁVITS/DÉFICIT DE EXERCÍCIOS ANTERIORES
2.5.5.2	SUPERÁVIT/DÉFICIT DO EXERCÍCIO

4. Plano de conta – Resultado Superávit/Déficit ou DRE

Código	Descrição das contas
3.	DESPESAS
3.1	CUSTOS
3.1.1	CUSTOS DOS SERVIÇOS PRESTADOS
3.1.1.1	ORGANIZAÇÃO DE CURSOS E PALESTRAS
3.1.1.2	ASSISTÊNCIA SOCIAL
3.1.1.3	ANÚNCIOS E PUBLICAÇÕES
3.1.1.4	GRATUIDADE
3.1.4.5	OUTROS CUSTOS

Código	Descrição das contas
3.2	DESPESAS COM PESSOAL - RH
3.2.1	SALÁRIOS E ORDENADOS - PESSOAL C/VINCULO
3.2.2	PREVIDÊNCIA SOCIAL (INSS)
3.2.3	FGTS
3.2.4	AJUDA DE CUSTO - PESSOAL SEM VÍNCULO
3.2.5	ASSISTÊNCIA MÉDICA (PLANO DE SAÚDE)
3.2.6	VALE TRANSPORTE DE FUNCIONÁRIOS
3.2.7	AUXÍLIO REFEIÇÃO - PAT
3.2.9	HONORÁRIOS
3.2.8	(-) RECUPERAÇÕES
3.3	DESPESAS ADMINISTRATIVAS
3.3.1	ALUGUÉIS
3.3.2	ÁGUA
3.3.3	ENERGIA ELÉTRICA
3.3.4	TELEFONE/INTERNET
3.3.5	SEGUROS
3.3.6	LOCAÇÃO / LOCAÇÃO DE EQUIPAMENTOS
3.3.7	ASSINATURAS DE JORNAIS E REVISTAS
3.3.8	MATERIAL DE CONSUMO
3.3.9	MATERIAL DE ESCRITÓRIO
3.3.10	CÓPIAS E IMPRESSÕES
3.3.11	MATERIAL DE LIMPEZA
3.3.12	MATERIAL PEDAGÓGICO
3.3.13	SERVIÇOS TERCEIRIZADOS
3.3.14	CURSOS, EVENTOS E PROMOÇÕES.
3.3.15	AUXÍLIOS E DOAÇÕES
3.3.16	PERDAS ESTIMADAS COM CRÉDITOS DE LIQUIDAÇÃO DUVIDOSA
3.3.17	DEPRECIAÇÃO
3.3.18	MANUTENÇÃO E REPAROS
3.3.19	SERVIÇOS DE PESSOA FÍSICA
3.3.20	SERVIÇOS DE **PESSOA JURÍDICA**
3.3.21	COMBUSTÍVEL

Código	Descrição das contas
3.4	DESPESAS DE CUSTEIO DE SUBVENÇÕES RECEBIDAS
3.4.1	DESPESAS DE CUSTEIO GERAL
3.4.2	DESPESAS DE CUSTEIO DE MANUTENÇÃO DAS INSTALAÇÕES
3.4.3	DESPESAS CUSTEIO BIBLIOTECA
3.4.4	DESPESAS COM CUSTEIO – PDDE
3.5	DESPESAS TRIBUTÁRIAS
3.5.1	IPTU
3.5.2	IPVA
3.5.3	TAXAS E CONTRIBUIÇÕES
3.5.4	MULTAS FISCAIS
3.5.5	JUROS S/TRIBUTOS E CONTRIBUIÇÕES
3.6	DESPESAS FINANCEIRAS
3.6.1	DESPESAS BANCÁRIAS
3.6.2	JUROS PASSIVOS
3.6.3	DESPESAS FINANCEIROS/IOF
3.6.4	MATERIAIS DOADOS
3.6.5	DOAÇÃO DE MATERIAIS
3.7	SERVIÇOS ASSISTENCIAIS/EDUCACIONAIS/SAÚDE
3.7.1	PROJETOS ASSISTENCIAIS (CRIANÇA, IDOSOS E ADOLESCENTES)
3.8	PROJETOS EXTERNOS
3.8.1	CUSTOS E DESPESAS VINCULADOS AO PROJETO
3.9	CUSTOS E DESPESAS EXTRAORDINÁRIAS
3.9.1	CUSTOS C/VOLUNTARIADO
3.9.2	CUSTOS DE BENS VENDIDOS
4	RECEITAS
4.1	VENDAS

Código	Descrição das contas
4.1.1	VENDAS DE SERVIÇOS
4.1.2	VENDAS DE MERCADORIAS
4.2	DOAÇÕES/SUBVENÇÕES/CONTRIBUIÇÕES
4.2.1	DOAÇÕES
4.2.1.1	GOVERNAMENTAIS
4.2.1.2	PESSOA JURÍDICA
4.2.1.3	PESSOA FÍSICA
4.2.2	SUBVENÇÕES
4.2.2.1	GOVERNAMENTAIS
4.2.2.2	NÃO GOVERNAMENTAIS
4.2.3	CONTRIBUIÇÕES
4.2.3.1	GOVERNAMENTAIS
4.2.3.2	PESSOA JURÍDICA
4.2.3.3	PESSOA FÍSICA
4.2.3.4	ASSOCIADOS
4.3	PROMOÇÕES E EVENTOS INTERNOS/EXTERNOS
4.3.1	EVENTOS INTERNOS
4.3.2	PALESTRAS
4.4	GRATUIDADES
4.4.1	GRATUIDADES CONCEDIDAS
4.5	RENÚNCIA FISCAL
4.5.1	CPP – CONTRIBUIÇÃO PATRONAL PREVIDENCIÁRIA - INSS
4.6	RECEITAS FINANCEIRAS
4.6.1	RENDIMENTO DE APLICAÇÕES FINANCEIRAS
4.6.2	DESCONTOS OBTIDOS
4.6.3	JUROS ATIVOS

Código	Descrição das contas
4.7	OUTRAS RECEITAS
4.7.1	ALUGUÉIS DIVERSOS
4.7.2	ESTACIONAMENTO
4.7.3	ARRENDAMENTOS
4.8	RESULTADO DE PROJETOS EXTERNOS
4.8.1	RECEITAS COM PROJETOS EXTERNOS
4.8.2	VOLUNTARIADO

Feita a explanação anterior, vamos aos exemplos das operações básicas de contabilidade a partir de recursos públicos e recursos próprios, que são as doações de associados ou eventos internos.

5. Repasse de verba governamental municipal

1º Exemplo:

Imaginemos que há um repasse de verba governamental municipal destinada ao custeio por um período pré-determinado e doações recebidas de associados. Assim, a entidade sem fins lucrativos recebeu verba de subvenção municipal para o custeio de despesas de uma unidade escolar, verba essa recebida através do convênio firmado com a Associação de Pais e Mestres. O convênio é bimestral e, no fim do período, a prestação de contas dos recursos recebidos deverá ser apresentada.

O convênio diz que os recursos são para as despesas de manutenção da unidade escolar, pedagógicas e administrativas, tais como a compra de material de escritório, locação de copiadoras, livros e assinaturas de jornais e revistas para a biblioteca.

Em 02 de janeiro de 2015, foi repassado à Unidade Executora da Associação xxx, yyy, o valor total de R$ 24.000,00, com término em 28 de fevereiro de 2015, que deve ser aplicado na unidade escolar da seguinte forma:

Abaixo, o plano de trabalho da despesa no mês de janeiro/2015 e fevereiro/2015. Conforme os documentos hábeis apresentados para a escrituração contábil:

a) a entidade gastou os recursos em janeiro e fevereiro conforme o convênio firmado e assim apresentou as seguintes despesas:

Custeio Geral – R$ 9.600,00

b) Para material administrativo, locação de copiadora, *tonner* para impressoras, materiais diversos à administração, como papéis, canetas, carimbos etc.:

Janeiro = R$ 4.800,00

Fevereiro = R$ 4.800,00

Custeio de Manutenção – R$ 9.600,00

c) Para ser aplicado na manutenção elétrica, hidráulica e reparos, se necessários:

Janeiro – R$ 4.800,00

Fevereiro – R$ 4.800,00

Custeio da Biblioteca – R$ 4.800,00

d) Para ser aplicado na compra de acervos e assinaturas de revista e jornais:

Janeiro - R$ 4.200,00 – (com livros)

Fevereiro – R$ 600,00 – (assinaturas de jornais e revistas)

Item 1 – Escrituração pelo reconhecimento da Receita antecipada em janeiro/2015

Pelo recebimento de subvenção Municipal..........................R$ 24.000,00

D – 1.1.2.1 BANCO C/MOVIMENTO – (ATIVO) –

C – 2.4.1 – Recebimentos antecipados – Subvenções – (PASSIVO)

Neste caso, o convênio tem um período determinado de dois meses, ou seja, a receita tem um prazo para ser aplicada e não imediatamente. Ela é reconhecida, de início, como receita antecipada.

Despesas executadas em janeiro/2015
Custeio Geral – R$ 4.800,00 Compras de material administrativo – R$ 2.000,00 Locação de máquina copiadora – R$ 2.000,00 Compra de material de escritório – R$ 800,00
Custeio de Manutenção das Instalações – Sem retenção de ISS Serviços de Manutenção Elétrica – R$ 4.800,00
Custeio da Biblioteca Compra de livros – R$ 4.200,00

1º Lançamento de despesas realizadas em janeiro – CUSTEIO GERAL

Despesas realizadas em janeiro/2015 – Custeio Geral
Pela realização de despesas Custeio Geral .... R$ 4.800,00 D – 3.4.1 – Custeio Geral – (DESPESA) C – 1.1.2.1 – Banco Conta movimento – convênio – (ATIVO)

2º Lançamento – Despesas realizadas em janeiro/2015 – Manutenção das Instalações

Despesas realizadas Custeio de Manutenção das Instalações
Pela realização de despesas Custeio de Manutenção das Instalações... R$ 4.800,00 D – 3.4.2 – Custeio de Manutenção das Instalações – (DESPESA) C – 1.1.2.1 – Banco Conta Movimento – convênio (ATIVO)

3º lançamento – Despesas realizadas em janeiro/2015 – Biblioteca

Despesas realizadas em Custeio da Biblioteca
Pela realização de despesas Custeio da Biblioteca .... R$ 4.200,00 D – 3.4.3 – Custeio da Biblioteca – (DESPESA) C – 1.1.2.1 – Banco Conta Movimento – convênio (ATIVO)

O próximo passo da escrituração é baixar, na conta de recebimento antecipados no passivo, o valor gasto dentro do mês de janeiro, em contrapartida, na conta de receitas da subvenção recebida.

Assim se procede a escrituração contábil:

4º Lançamento. Pela realização das receitas recebidas antecipadamente

Pela realização de receitas recebidas antecipadamente
Pela realização da receita recebida em janeiro/2015 .... R$ 13.800,00 D – 2.4.1 – Recebimentos antecipados – subvenções (PASSIVO) C – 4.2.2.1 – Receitas de Subvenções – (Conta do Resultado – RECEITAS)

Para o mês de fevereiro o procedimento da escrituração contábil é o mesmo para as despesas de janeiro 2015. Desta forma, as operações contábeis são:

5º Lançamento. Pela execução das despesas em fevereiro/2015 – Custeio Geral

Pela execução das despesas em fevereiro/2015 – Custeio Geral
Pela realização de despesas Custeio Geral .... R$ 4.800,00 D – 3.4.1 – Custeio Geral – (DESPESA) C – 1.1.2.1 – Banco Conta Movimento – convênio – (ATIVO)

6º Lançamento. Pela execução das despesas em fevereiro/2015 – Manutenção das Instalações

Pela execução das despesas em fevereiro/2015 – Manutenção das Instalações
Pela realização da despesas em Custeio Manutenção das Instalações .... R$ 4.800,00 D – 3.4.2 – Custeio de Manutenção das Instalações – (DESPESA) C – 1.1.2.1 – Banco Conta Movimento – convênio (ATIVO)

7º Lançamento – Pela realização das despesas em fevereiro 2015 – Biblioteca

Pela realização das despesas em fevereiro/2015 – Biblioteca
Pela realização das Despesas em Custeio da Biblioteca..............R$ 600,00 D – 3.4.3 – Custeio da Biblioteca – (DESPESA) C – 1.1.2.1 – Banco Conta Movimento – convênio (ATIVO)

8º Lançamento – Pela realização das receitas recebidas antecipadamente

Pela realização das receitas recebidas antecipadamente:
Pela realização das receitas recebidas em fevereiro/2015 .... R$ 10.200,00 D – 2.4.1 – Recebimento Receitas Antecipadas – (PASSIVO) C – 4.2.2.1 – Receitas de Subvenções – (RECEITAS)

Após a escrituração da execução de todas as despesas, o valor gasto em fevereiro será debitado da conta de receitas recebidas antecipadamente, sendo reconhecida na receita e encerrando assim o convênio procedendo assim à prestação de contas.

Após os lançamentos contábeis, podemos apurar o resultado deste convênio que assim se procederá:

Após os lançamentos em janeiro/2015, assim fica constituído o saldo do ativo e do passivo:

Lançamentos em janeiro/2015, os saldos são os seguintes:

ATIVO	PASSIVO
ATIVO CIRCULANTE	PASSIVO CIRCULANTE
DISPONÍVEL	RECEBIMENTOS ANTECIPADOS
Bancos Conta Movimento	Subvenções Governamentais
Banco C.C. – Convênio R$ 24.000,00	- Municipal R$ 24.000,00
(-) Pagamento despesas jan/15 (R$ 13.800,00)	(-) pela realização da Despesa (-) janeiro/2015 (R$ 13.800,00)
SALDO CONTÁBIL 31/01/15 R$ 10.200,00	**SALDO CONTÁBIL 31/01/15 R$ 10.200,00**

Após os lançamentos em fevereiro/2015, assim fica constituído o saldo do Ativo e do Passivo.

ATIVO	PASSIVO
ATIVO CIRCULANTE	**PASSIVO CIRCULANTE**
DISPONÍVEL	RECEBIMENTOS ANTECIPADOS
BANCOS CONTA MOVIMENTO	SUBVENÇÕES GOVERNAMENTAIS
Banco C.C. – Convênio Saldo C.C. em 31/01/15 – R$ 10.200,00	Municipal Saldo em 31/01/2015 – R$ 10.200,00
(-) pagamentos realizados Em fevereiro/2015 (R$ 10.200,00)	(-) pela realização da Despesa (-) fevereiro/2015 – (R$ 10.200,00)
Saldo contábil em 28/02/2015 -0-	Saldo contábil em 28/02/2015 -0-

A escrituração mensal acima atende ao Gestor para que não haja dúvidas quanto ao procedimento da escrituração dos recursos e subvenções recebidas. Além disso, a apuração mensal deve ser coerente com todos os controles administrativos de que dispõe o gestor para gerenciar e executar as despesas.

Após os lançamentos contábeis em fevereiro/2015, os saldos contábeis ficarão:

ATIVO	PASSIVO
ATIVO CIRCULANTE	**PASSIVO CIRCULANTE**
DISPONÍVEL	RECEBIMENTOS ANTECIPADOS
BANCOS CONTA MOVIMENTO	SUBVENÇÕES GOVERNAMENTAIS
Banco C.C. – Convênio Saldo C.C. em 31/01/15 – R$ 10.200,00	Municipal Saldo em 31/01/2015 – R$ 10.200,00
(-) pagamentos realizados Em fevereiro/2015 – (R$ 10.200,00)	(-) pela realização da Despesa (-) fevereiro/2015 – (R$ 10.200,00)
Saldo contábil em 28/02/2015 -0-	Saldo contábil em 28/02/2015 -0-

A seguir, apresentamos a demonstração do superávit e do **déficit do exercício**, caso fosse anual. O exemplo, no entanto, é para o período em tela exemplificado.

A apuração do demonstrativo do superávit/déficit do exercício ocorre ao final do exercício, coincidindo com o exercício social da entidade, que geralmente acontece de 01 de janeiro a 31 de dezembro do corrente ano.

DEMONSTRAÇÃO DO SUPERÁVIT (DÉFICIT) DO PERÍODO – janeiro e fevereiro/2015	
RECEITAS	DESPESAS
(+) SUBVENÇÕES RECEBIDAS Municipal R$ 24.000,00	(-) DESPESAS C/SUBVENÇÕES RECEBIDAS • Despesas Custeio Geral R$ 9.600,00 • Despesas Custeio Manutenção R$ 9.600,00
TOTAL DAS RECEITAS R$ 24.000,00	• Despesas Custeio Biblioteca R$ 4.800,00
	TOTAIS DESPESAS - R$ 24.000,00
SUPERAVIT/DÉFICIT DO EXERCICIO	-0-

Após esses lançamentos explicativos no ativo e passivo, realizamos a apuração do resultado que é a apuração do superávit ou déficit do período.

Dessa forma, é obtido, na Demonstração do Superávit ou Déficit (DRE), o resultado zero conforme o problema evidenciado acima. Além disso, já são lançadas as despesas nas devidas contas contábeis. Portanto, no exemplo apresentado não houve superávit ou déficit no período.

Passamos ao próximo passo: fazer uma abordagem das doações recebidas de terceiros ou de associados.

As doações de terceiros ou associados podem ser em moeda corrente nacional, por meio de bens do ativo imobilizado, como uma máquina, um computador, imóveis, terrenos, veículos ou, até mesmo, através de instalações, como uma biblioteca, um laboratório de ciências ou de informática etc.

As doações são recebidas de forma incondicional, pois a entidade não tem a obrigação de gastar o dinheiro de acordo com a vontade do doador, mas o dinheiro deve ser aplicado de acordo com as necessidades da entidade.

Outro modo de se obter receitas é através de eventos promovidos pela entidade, em que os recursos podem ser aplicados para despesas ou **investimentos**, onde melhor convier para o desenvolvimento de sua atividade.

Assim, procederemos de acordo com o exemplo anterior, aproveitando os lançamentos anteriores para apurar o resultado com as doações recebidas, cujos lançamentos efetuamos abaixo:

2º Exemplo:

A entidade recebeu as seguintes doações em fevereiro/2015

- associados – em moeda corrente no valor de: R$ 2.000,00;
- associados – cheque nominal no valor de: R$ 2.000,00;
- associados – uma máquina copiadora no valor de: R$ 2.500,00; e
- promoções com eventos internos realizados: R$ 10.000,00.

Utilizou parte dos recursos para o pagamento das seguintes despesas:

- pagamento de locação de máquinas: R$ 1.200,00;
- compra de material pedagógico: R$ 1.000,00; e
- aquisição de material de escritório: R$ 500,00.

De acordo com as informações anteriores, os lançamentos contábeis devem ser feitos da seguinte forma:

1º Lançamento contábil pelas doações recebidas de associados:

Pelo recebimento de doações de associados em moeda corrente nacional
Pela doação recebida em moeda corrente nacional.............. R$ 2.000,00 D – 1.1.1.2 – Caixa (ATIVO) (livro caixa) C – 4.2.1.3 – Doações recebidas (RECEITAS) Pelo depósito em conta corrente da doação .... R$ 2.000,00 D – 1.1.2.1 – Banco YYY – Recursos próprios (ATIVO) C – 1.1.1.2 – CAIXA (ATIVO)

Em harmonia com o lançamento anterior, ao receber doações em moeda corrente nacional (dinheiro em espécie ou mesmo cheque), a entidade deverá registrar a entrada dessas doações no livro específico para esses eventos, que é o Livro do Movimento do Caixa.

Caso não vá usar o recurso de imediato, a organização deverá depositar o valor na conta corrente da entidade, como evidencia o lançamento anterior.

2º Lançamento contábil pela doação de valor em cheque nominal à entidade

Pelo recebimento em doação de associados de valor em cheque nominal
Pela doação recebida em CHEQUE .... R$ 2.000,00 D – 1.1.1.2 – Caixa (ATIVO) (livro caixa) C – 4.2.1.3 – Doações recebidas (RECEITAS) Pela doação em cheque no valor de .... R$ 2.000,00 D – 1.4.5 – Banco xxxyyy – Recurso Próprio (ATIVO) C – 1.1.1.2 – CAIXA (ATIVO)

3º Lançamento contábil pela doação de uma copiadora

Pelo recebimento em doação de associados de uma copiadora nova
Pela doação recebida de uma copiadora .... R$ 2.500,00 D – 1.4.2 – Moveis e Utensílios – (Ativo Imobilizado) C – 2.3.1 – RECEITA DIFERIDA (PASSIVO CIRCULANTE)

Com referência ao lançamento do ativo imobilizado por ocasião do recebimento de uma copiadora, tal lançamento deve ser feito em receita diferida no passivo circulante, por ser tratar de uma receita recebida antecipadamente. Com a depreciação que ocorre durante o uso, nenhuma despesa será gerada para a Entidade.

4º Lançamento pela receita com promoções de eventos internos

Pelas receitas oriundas de promoções de eventos internos
Pelas receitas com eventos internos ....R$ 10.000,00 D – 1.1.1.2 – Caixa (ATIVO) C – C- 4.3.1 – Receitas c/ eventos internos – (RECEITA) D – 1.1.2.1 – Banco xxxyyy C.C. RP – (ATIVO) – recursos próprios C – 1.1.1.2 – CAIXA - (ATIVO)

Esse recurso próprio depositado em conta corrente pode ser utilizado pela entidade para pagamento de despesas em que não há necessidade de elaborar plano de trabalho, podendo ser aplicado de acordo com a sua conveniência e necessidade.

5º Lançamento das despesas pela locação de máquinas

Pelo pagamento de Locação de Máquinas com recursos próprios
Pelo pagamento de locação de Máquinas com recursos próprios.... R$ 1.200,00 D – 3.3.6 – Locação de Máquinas (DESPESAS) C – 1.1.2.1 – Bco. xxxyyy – (ATIVO) Recursos próprios

6º Lançamento das despesas pelo material pedagógico

Pagamento pela compra de material pedagógico
Pela compra de Material Pedagógico .... R$ 1.000,00 D – 3.3.12 – Material Pedagógico – (DESPESAS) C – 1.1.2.1 – Bco. xxxyyy – (ATIVO) – Recursos próprios

7º Lançamento das despesas pela compra de material de escritório

Pagamento pela compra de material de escritório
Pelas despesas com material de escritório .... R$ 500,00 D – 3.3.9 – Material de escritório – (DESPESAS) C – 1.1.2.1 – Bco xxxyyy (ATIVO) – Recurso próprio

A seguir, evidenciaremos os saldos contábeis no ativo, passivo e resultado do superávit ou déficit do período, incluindo, no caso, a subvenção municipal já evidenciada em exemplos anteriores.

A apuração dos saldos contábeis do ativo e passivo, a partir de todos os lançamentos acima executados, assim é demonstrada:

ATIVO	PASSIVO
CIRCULANTE	CIRCULANTE
DISPONÍVEL	RECEBIMENTOS ANTECIPADOS

BANCOS EM MOVIMENTOS	SUBVENÇÃO GOVERNAMENTAL
Bancos C.C. convênio – R$ -0- Banco xxxyyy – RP R$ 14.000,00 (-) pagamentos despesas (R$ 2.700,00) Saldo bancário – R$ 11.300,00	– Municipal – R$ -0- RECEITAS DIFERIDAS Imobilizado – Copiadora – R$ 2.500,00
ATIVO PERMANENTE IMOBILIZADO Máquina Copiadora – R$ 2.500,00 TOTAL Ativo Permanente – R$ 2.500,00	PATRIMÔNIO LÍQUIDO Patrimônio social Superávit/déficit acumulado - 0- Superávit/Déficit do exercício - R$ 11.300,00
ATIVO TOTAL – R$ 13.800,00	PASSIVO TOTAL – R$ 13.800,00

A seguir, apresentamos o demonstrativo do superávit/déficit do período, considerando, também, os recursos de subvenções municipais já evidenciados anteriormente.

DEMONSTRAÇÃO DO SUPERÁVIT (DÉFICIT) DO PERÍODO	
RECEITAS	DESPESAS
(+) SUBVENÇÕES RECEBIDAS	(-) DESPESAS C/SUBVENÇÕES RECEBIDAS
Municipal – R$ 24.000,00	• Despesas de Custeio Geral – R$ 9.600,00
	• Despesas Custeio Manutenção R$ 9.600,00
(+) RECEITAS E DOAÇOES DOAÇÕES PESSOA FÍSICA R$ 14.000,00	– Despesas Custeio Biblioteca – R$ 4.800,00
	Total despesa conveniada – R$ 24.000,00
	(-) DESPESAS ADMINISTRATIVAS
	• Locação de Máquinas – R$ 1.200,00
	• Material Pedagógico – R$ 1.000,00
	• Material de escritório – R$ 500,00
	Totais despesas administrativas R$ 2.700,00
	DESPESAS TOTAL – R$ 26.700,00
TOTAL DAS RECEITAS – R$ 38.000,00	
SUPERÁVIT/DÉFICIT DO EXERCÍCIO – R$ 11.300,00 R$ 38.000,00 – (R$ 26.700,00) = R$ 11.300,00	

Glossário – Unidade 2

Boletos – instrumento de cobrança bancária com os dados da conta a ser paga.

Contas a pagar – controle de pagamento das compras a prazo.

Déficit do exercício – é o resultado negativo do exercício da entidade, em que as despesas são maiores que as receitas.

Escrituração contábil – ato de registro das movimentações contábeis no sistema de contabilidade.

Investimento – significa empregar algum recurso, ou moeda em espécie ou títulos, com o objetivo de se obter lucro.

Patrimônio líquido – se refere ao saldo líquido apurado entre o ativo e o passivo, ou seja, o conjunto de bens após a apuração das receitas e despesas.

Plano de contas – é o ordenamento de contas de receitas e despesas que serão usadas pela contabilidade para a escrituração contábil.

UNIDADE 3

DEMONSTRAÇÃO E RELATÓRIOS CONTABÉIS

1. Demonstrações dos resultados

As Demonstrações Contábeis são elaboradas por meio da escrituração e dos lançamentos contábeis, com base nos livros, documentos e registros que compõem o sistema de contabilidade da entidade.

A estrutura das demonstrações contábeis é de suma importância para transmitir as informações geradas pela contabilidade à diretoria da entidade. É uma importante ferramenta que informa a real situação, estrutura financeira e econômica da entidade ao final de cada exercício social.

O artigo 176 da Lei das S. A. (Sociedades por Ações) estabelece que, ao final de cada exercício social de 12 meses, serão elaborados pela Contabilidade os relatórios contábeis necessários à análise da situação financeira e econômica da entidade.

Assim diz o referido dispositivo:

> *"Art.176 – Ao fim de cada exercício social, a diretoria fará elaborar, com base na escrituração mercantil da companhia, a seguinte demonstração financeira, que deverão exprimir com clareza a situação do patrimônio da companhia e as mutações ocorridas no exercício.*

I – balanço patrimonial;

II – demonstração dos lucros ou prejuízos acumulados;

III – demonstração do resultado do exercício;

IV – demonstração dos fluxos de caixa; (...)"

Assim dispõe a NBC T.3 – Normas Brasileiras de Contabilidade sobre as demonstrações contábeis com referência ao seu conceito, conteúdo, estrutura e nomenclatura:

NBC T.3.1 – DAS DISPOSIÇÕES GERAIS

3.1.1 – As demonstrações contábeis (*) são as extraídas dos livros, registros e documentos que compõem o sistema contábil de qualquer tipo de Entidade.

3.1.2 – A atribuição e responsabilidade técnica do sistema contábil da Entidade cabem exclusivamente, a contabilista registrado no CRC.

3.1.3 – As demonstrações contábeis observarão os Princípios Fundamentais de Contabilidade aprovados pelo Conselho Federal de Contabilidade.

3.1.4 – As demonstrações contábeis devem especificar sua natureza, a data e/ ou o período e a Entidade a que se referem.

3.1.5 – O grau de revelação das demonstrações contábeis deve propiciar o suficiente entendimento do que cumpre demonstrar, inclusive com o uso de notas explicativas, que, entretanto, não poderão substituir o que é intrínseco às demonstrações às demonstrações.

3.1.6 – A utilização de procedimentos diversos daqueles estabelecidos nesta Norma, somente será admitida em Entidades públicas e privadas sujeitas a normas contábeis específicas, fato que será mencionado em destaque na demonstração ou em nota explicativa.

3.1.7 – Os efeitos inflacionários são tratados em Norma específica.

(*) Inclusive as denominadas "financeiras" na legislação.

NBC T.3.3 – DA DEMONSTRAÇÃO DO RESULTADO.

3.3.1 – Conceito

3.3.1.1 – A demonstração do resultado é a demonstração contábil destinada a evidenciar a composição do resultado formado num determinado período de operações da Entidade.

3.3.1.2 – A demonstração do resultado, observado o princípio de competência, evidenciará a formação dos vários níveis de resultados mediante confronto entre as receitas, e os correspondentes custos e despesas.

3.3.2 – Conteúdo e Estrutura

3.3.2.1 – A demonstração do resultado compreenderá:

a) as receitas e os ganhos do período, independentemente de seu recebimento;

b) os custos, despesas, encargos e perdas pagos ou incorridos, correspondentes a esses ganhos e receitas.

3.3.2.2 – A compensação de receitas, custos e despesas é vedada.

3.3.2.3 – A demonstração do resultado evidenciará, no mínimo, e de forma ordenada:

a) as receitas decorrentes da exploração das atividades-fim;

b) os impostos incidentes sobre as operações, os abatimentos, as devoluções e os cancelamentos;

c) os custos dos produtos ou mercadorias vendidos e dos serviços prestados;

d) o resultado bruto do período;

e) os ganhos e perdas operacionais;

f) as despesas administrativas, com vendas, financeiras e outras e as receitas financeiras;

g) o resultado operacional;

h) as receitas e despesas e os ganhos e perdas não decorrentes das atividades-fim;

i) o resultado antes das participações e dos impostos;

j) as provisões para impostos e contribuições sobre o resultado;

l) as participações no resultado;

m) o resultado líquido do período.

A Demonstração do Resultado expõe, por meio dos relatórios, as variações do patrimônio, que é calculado através da apuração do lucro ou prejuízo de um exercício da entidade.

Não bastam apenas os lançamentos contábeis registrados nas contas de receita e despesas, mas os resultados desses lançamentos devem ser avaliados e analisados. A averiguação dos relatórios gerados pela contabilidade é de suma importância à entidade, sendo esses um espelho da realidade econômica e financeira da realização empresarial.

Toda entidade, ao ser constituída, tem por objetivo a obtenção de lucro, e é através das análises e avaliações do resultado das operações empresariais que se evidencia se esse objetivo foi, ou não, alcançado.

Isso quer dizer que a entidade está no caminho certo, gerando riquezas, independente da sua atividade econômica. E esse objetivo, de obter lucro ou superávit,

atinge a todas as organizações, inclusive as sem fins lucrativos. Obter superávit significa que houve retorno dos investimentos e a entidade está atendendo à sua função social, pois ter lucro é gerar riqueza para o país. Essa riqueza se transforma em empregos, renda, investimento e, por sua vez, gera benefícios a todos que fazem parte desse universo empresarial e social, pois a sociedade é a maior beneficiária.

A demonstração do resultado, denominado superávit ou lucro, ocorre quando a receita é superior às despesas, ou, em outras palavras, quando todas as despesas são pagas e há sobra de recursos.

O déficit ou prejuízo do exercício é justamente o oposto. Nesse caso, as despesas são maiores do que as receitas, ou seja, não há suporte financeiro suficiente para o pagamento de todas as despesas, resultando em um saldo devedor.

A demonstração do resultado são todos os lançamentos contábeis informados nas devidas contas de despesas em contrapartida do caixa ou banco, sendo esse **aporte** suportado pelas receitas oriundas das atividades da entidade.

As receitas são originárias das atividades da entidade, que podem incluir vendas de serviços, mercadorias, receitas provenientes de empréstimos públicos, doações, rendimentos de aplicações etc.

Com a escrituração contábil das receitas e despesas de todas as movimentações econômicas financeiras, são geradas as demonstrações contábeis necessárias e

úteis à diretoria ou ao gestor da entidade. Assim é possível avaliar os resultados obtidos e que influenciaram diretamente o patrimônio líquido, pois tudo que acontece na vida financeira da entidade afeta, enfim, o seu patrimônio.

É por meio dos demonstrativos que serão geradas as demonstrações contábeis, como os balancetes mensais, balanço patrimonial, demonstrativo do resultado ou do exercício etc.

Os balancetes mensais formam um relatório preventivo, dando mensalmente à entidade a possibilidade de verificar e analisar a evolução da situação financeira e econômica da organização. Este relatório apresenta o **ativo**, o passivo e o resultado das despesas e receitas mensais.

Com essa ferramenta em mãos, o gestor tem tempo suficiente para tomar as decisões necessárias ao equilíbrio das atividades da entidade, tais como conter custos, avaliar os investimentos, verificar se as receitas aumentaram ou diminuíram e assim por diante. Isso porque, depois de encerrado o exercício, não é possível mudar o passado. Se a entidade tiver essas informações mensalmente, terá como se precaver a fim de modificar condutas e, possivelmente, o futuro dentro do exercício.

As disposições das Normas de Contabilidade apresentam as regras e critérios de como extrair da contabilidade, através dos registros contábeis, a Demonstração do Resultado, sendo a responsabilidade técnica atribuída ao contador, que é um profissional habilitado, portador de registro no CRC. Dessa forma, a demonstração contábil deve atender aos Princípios Fundamentais da Contabilidade.

As demonstrações contábeis devem, também, propiciar entendimento suficiente para a diretoria, ou seja, ser de fácil compreensão, inclusive utilizando notas explicativas no final, caso haja a necessidade de informações adicionais, que não aparecem na demonstração, mas fazem parte da contabilidade.

As normas do NBC T.3 determinam os demonstrativos contábeis das entidades sem fins lucrativos quanto a conceito, conteúdo, estrutura e nomenclatura, e a NBC T.6 trata da divulgação das demonstrações contábeis.

2. Balanço patrimonial

A NBC T 3.2 dispõe sobre o balanço patrimonial:

3.2.1 – Conceito

3.2.1.1 – O balanço patrimonial é a demonstração contábil destinada a evidenciar, quantitativa e qualitativamente, numa determinada data, a posição patrimonial e financeira da Entidade.

3.2.2 – Conteúdo e Estrutura

3.2.2.1 – O balanço patrimonial é constituído pelo ativo, pelo passivo e pelo Patrimônio Líquido.

a) O ativo compreende as aplicações de recursos representadas por bens e direitos;

b) O passivo compreende as origens de recursos representadas por obrigações;

c) O Patrimônio Líquido compreende os recursos próprios da Entidade, ou seja, a diferença a maior do ativo sobre o passivo. Na hipótese do passivo superar o ativo, a diferença denomina-se "Passivo a Descoberto".

3.2.2.2 – As contas do ativo são dispostas em ordem crescente dos prazos esperados de realização, e as contas do passivo são dispostas em ordem crescente dos prazos de exigibilidade, estabelecidos ou esperados, observando-se iguais procedimentos para os grupos e subgrupos.

3.2.2.3 – Os direitos e as obrigações são classificados em grupos do Circulante, desde que os prazos esperados de realização dos direitos e os prazos das obrigações, estabelecidos ou esperados, situem-se no curso do exercício subsequente à data do balanço patrimonial.

3.2.2.4 – Os direitos e as obrigações são classificados, respectivamente, em grupos de Realizável e ***Exigível em Longo Prazo****, desde que os prazos esperados de realização dos direitos e os prazos das obrigações estabelecidas ou esperados, situem-se após o término do exercício subsequente à data do balanço patrimonial.*

3.2.2.5 – Na Entidade em que o ciclo operacional tiver duração maior que o exercício social, a classificação no Circulante ou Longo Prazo terá por base o prazo desse ciclo.

3.2.2.6 – Os saldos devedores ou credores de todas as contas retificadoras deverão ser apresentados como valores redutores das contas ou grupo de contas que lhes deram origem.

3.2.2.7 – Os valores recebidos como receitas antecipadas por conta de produtos ou serviços a serem concluídos em exercícios futuros, denominados como resultado de exercícios futuros, na legislação, serão demonstrados com a dedução dos valores ativos a eles vinculados, como direitos ou obrigações, dentro do respectivo grupo do ativo ou do passivo.

3.2.2.8 – Os saldos devedores e credores serão demonstrados separadamente, salvo nos casos em que a Entidade tiver direito ou obrigação de compensá-los.

3.2.2.9 – Os elementos da mesma natureza e os pequenos saldos serão agrupados, desde que seja indicada a sua natureza e nunca ultrapassem, no total, um décimo do valor do respectivo grupo de contas, sendo vedada a utilização de títulos genéricos como "diversas contas" ou "contas-correntes".

3.2.2.10 – As contas que compõem o ativo devem ser agrupadas, segundo sua expressão qualitativa, em:

I – Circulante

O Circulante compõe-se de:

a) Disponível

São os recursos financeiros que se encontram à disposição imediata da Entidade, compreendendo os meios de pagamento em moeda e em outras espécies, os depósitos bancários à vista e os títulos de liquidez imediata.

b) Créditos

São os títulos de crédito, quaisquer valores mobiliários e os outros direitos.

c) Estoques

São os valores referentes às existências de produtos acabados, produtos em elaboração, matérias-primas, mercadorias, materiais de consumo, serviços em andamento e outros valores relacionados às atividades-fim da Entidade.

d) Despesas Antecipadas

São as aplicações em gastos que tenham realização no curso do período subsequente à data do balanço patrimonial.

e) Outros Valores e Bens

São os não relacionados às atividades-fim da Entidade.

II – Realizável em Longo Prazo

São os ativos referidos nos itens I b), c), d), e) cujos prazos esperados de realização situem-se após o término do exercício subsequente à data do balanço patrimonial.

III – Permanente

São os bens e direitos não destinados à transformação direta e meios de pagamento e cuja perspectiva de permanência na Entidade ultrapasse um exercício. É constituído pelos seguintes subgrupos:

a) ***Investimentos***

São as participações em sociedades além dos bens e direitos que não se destinem à manutenção das atividades-fim da Entidade.

b) Imobilizado

São os bens e direitos, tangíveis e intangíveis, utilizados na consecução das atividades-fim da Entidade.

c) Diferido

São as aplicações de recursos em despesas que contribuirão para a formação do resultado de mais um exercício social.

3.2.2.11 – As contas que compõem o ***passivo*** *devem ser agrupadas, segundo sua expressão qualitativa, em:*

I – Circulante

São as obrigações conhecidas e os encargos estimados, cujos prazos estabelecidos ou esperados, situem-se no curso do exercício subsequente à data do balanço patrimonial.

II – Exigível em Longo Prazo

São as obrigações conhecidas e os encargos estimados, cujos prazos estabelecidos ou esperados, situem-se após o término do exercício subsequente à data do balanço patrimonial.

3.2.2.12 – As contas que compõem o Patrimônio Líquido devem ser agrupadas, segundo sua expressão qualitativa, em:

I – Capital

São os valores aportados pelos proprietários e os decorrentes de incorporações de reservas de lucros.

II – Reservas

São os valores decorrentes de retenções de lucros, de reavaliação de ativos e de outras circunstâncias.

III – Lucros ou Prejuízos Acumulados

São os lucros retidos ou ainda não destinados e os prejuízos ainda não compensados, estes apresentados como parcela redutora do Patrimônio Líquido.

3.2.2.13 – No caso onde houver Passivo a Descoberto, devido à sua excepcionalidade, a Entidade deverá modificar a forma habitual da equação patrimonial, apresentando, de forma vertical, o ativo diminuído do passivo, tendo como resultado o Passivo a Descoberto.

O ativo diz respeito a todos os direitos da entidade, que é representado pelos bens, depósitos em conta corrente, contas a receber, estoques etc. Em outras palavras, é tudo que movimentou as operações financeiras da entidade. Por exemplo, no caso das vendas à prazo, a contabilidade registra o que a entidade tem a receber no **ativo circulante**, em clientes a receber, e constitui-se assim um direito. Então, ao se observar o balanço, nas contas do ativo, verificam-se os direitos que a entidade tem devido às operações de suas atividades.

No caso do passivo, ocorre exatamente o contrário. Se o ativo são direitos, então o passivo são os deveres que a entidade tem por ter assumido compromissos, como por exemplo, as compras à prazo. Significa que essa compra gera uma dívida a pagar que estará registrada no **passivo circulante**, em contas a pagar, ou fornecedores. A entidade tem tal dívida por ter adquirido determinado bem à prazo, por ter tomado empréstimos bancários e assim por diante. Tudo o que se compra a prazo gera o dever do pagamento.

Por isso, quando o passivo é maior que o ativo, significa que a entidade comprou e gastou mais do que ela possuía em direitos a receber ou mesmo em **capital de giro**, que não foi suficiente. Significa que a sua atividade comercial não gerou os recursos necessários para cumprir com os deveres assumidos.

No balanço patrimonial o exercício social terá a duração de um ano. Não é necessário que este exercício social coincida com o exercício civil, ou seja, de 01 de janeiro a 31 de dezembro. O exercício social é definido na constituição social da entidade e não deve ser trocado.

Podemos entender, então, que o **patrimônio líquido** também é uma obrigação da entidade com o proprietário, pois o investidor da entidade é o proprietário.

Pela Lei n. 6.404/76 (Lei das S. A.) o lado direito do balanço patrimonial é denominado passivo, e o lado esquerdo, ativo.

O lucro obtido pelas empresas com fins lucrativos pela atividade operacional pertence aos proprietários e podem ser distribuídos de acordo com a participação de cotas no **capital** social. Já nas entidades sem fins lucrativos, o superávit não pode ser distribuído, mas deve ser reinvestido na atividade da entidade.

3. Demonstração de lucros ou prejuízos acumulados

De acordo com a Lei n. 6.404/76, a demonstração de lucros ou prejuízos acumulados, conhecido como DLPA, é um relatório contábil que evidencia e explica as alterações dos saldos iniciais e finais do exercício da conta de lucro ou prejuízo. Mostram as retenções de lucro e as suas distribuições aos sócios, os ajustes de exercício anteriores e saldos ainda não destinados.

Assim dispõem a NBT 3.4:

3.4.1 – Conceito

3.4.1.1 – A demonstração de lucros ou prejuízos acumulados é a demonstração contábil destinada a evidenciar, num determinado período, as mutações nos resultados acumulados da Entidade.

3.4.2 – Conteúdo e Estrutura

3.4.2.1 – A demonstração de lucros ou prejuízos acumulados discriminará:

a) o saldo no início do período;

b) os ajustes de exercícios anteriores;

c) as reversões de reservas;

d) a parcela correspondente à realização de reavaliação, líquida do efeito dos impostos correspondentes;

e) o resultado líquido do período;

f) as compensações de prejuízos;

g) as destinações do lucro líquido do período;

h) os lucros distribuídos;

i) as parcelas de lucros incorporadas ao capital;

j) o saldo no final do período.

3.4.2.2 – Os ajustes dos exercícios anteriores são apenas os decorrentes de efeitos da mudança de critério contábil, ou da retificação de erro imputável a determinado exercício anterior, e que não possam ser atribuídos a fatos subsequentes.

3.4.2.3 – A Entidade que elaborar a demonstração das mutações do patrimônio líquido, nela incluirá a demonstração de lucros ou prejuízos acumulados.

A demonstração de lucros ou prejuízos acumulados se refere às causas e aos efeitos dos registros contábeis e do saldo da conta lucros ou prejuízos acumulados no patrimônio.

Mostram as retenções de lucros e as distribuições das vantagens aos sócios, como também todos os ajustes dos exercícios anteriores, ou seja, dos saldos ainda não destinados. Por isso, é necessário a elaboração da demonstração dessa conta desde o saldo inicial até o saldo final, apresentando detalhadamente todas as operações que foram registradas no exercício.

4. Demonstração das origens e aplicações de recursos

3.6.1 – Conceito

3.6.1.1 – A demonstração das origens e aplicações de recursos é a demonstração contábil destinada a evidenciar, um determinado período, as modificações que originaram as variações no capital circulante líquido da Entidade.

3.6.2 – Conteúdo e Estrutura

3.6.2.1 – A demonstração das origens e aplicações de recursos discriminará:

a) o valor resultante das operações da Entidade, correspondente ao resultado líquido do período, retificado por valores que não geraram movimentação de numerário ou não afetaram o capital circulante, que tanto poderá constituir-se em origens ou em aplicação de recursos;

b) as origens dos recursos, compreendendo:

1) os aportes de capital;

2) os recursos provenientes da realização de ativos de longo prazo e permanente;

3) os recursos provenientes de capital de terceiros de longo prazo.

c) as aplicações dos recursos, compreendendo:

1) os recursos destinados ao pagamento das participações nos lucros aos sócios ou acionistas;

2) os recursos aplicados na aquisição do permanente e no aumento dos ativos de longo prazo;

3) os recursos aplicados na redução de obrigações de longo prazo;

4) os reembolsos de capital.

d) a variação do capital circulante líquido, resultante da diferença entre os totais das origens e das aplicações dos recursos.

e) a demonstração da variação do capital circulante líquido, compreendendo os saldos iniciais e finais do ativo e do passivo circulante, e respectivas variações líquidas do período.

A Demonstração de Origens e Aplicação de Recursos, além de ser útil à administração da entidade, também serve para os sócios ou terceiros com interesse, tais como bancos ou financeiras.

A DOAR, como também é conhecida, demonstra todas as variações líquidas ocorridas que influenciam o patrimônio líquido. São fatos importantes que podem auxiliar na análise econômica e financeira de qualquer entidade.

Anexo I

MODELO DE BALANÇO PATRIMONIAL

BALANÇO PATRIMONIAL – encerrado em XX/XX/XXXX

ATIVO	PASSIVO
ATIVO CIRCULANTE 23.166,36	PASSIVO CIRCULANTE
DISPONÍVEL 23.166,36	DOAÇÕES E SUBVENÇÕES
BANCO CONTA MOVIMENTO	CONTAS A PAGAR
Banco xxxx 13.166.36	RECEITAS DIFERIDAS
APLICAÇÕES FINANCEIRAS	Ativo Imobilizado........................4.800,00
Banco xxxxxx 10.0000,00	
REALIZÁVEL EM CURTO PRAZO - 0 -	
CLIENTES	
DUPLICATAS A RECEBER	
	PATRIMÔNIO LÍQUIDO.............23.166,36
ATIVO PERMANENTE 6.000,00	Reservas
ATIVO IMOBILIZADO	Resultado do Exercício
Móveis e utensílios.................. 3.000,00	Superávit do exercício...............23.166,36
Informática............................. 3.000,00	
(-) Depreciação acumulada ......(1.200,00)	
ATIVO TOTAL 27.966,36	PASSIVO TOTAL.......................27.966,36

Reconhecemos a exatidão do presente Balanço Patrimonial do período, totalizando Ativo e Passivo de acordo com os documentos apresentados, a importância de R$ 27.966,36 (vinte e sete mil novecentos e sessenta e seis reais e trinta e seis centavos).

____________________ ____________________

Presidente da Entidade Contador – CRC n.

Anexo II

Demonstrativo do resultado do exercício (superávit/déficit/em xx/xx/xxxxx)

Empresa:

CNPJ:

Endereço:

RECEITAS ....R$ 49.768,64 c
RECEITAS DIVERSAS ....R$ 58,09 C
RECEITAS DIVERSAS C/ EVENTOS ....R$ 58,09 C
CONTRIBUIÇÃO DOS PAIS ....R$ 58,09 C
RECEITAS DE CONVÊNIO ....R$ 49.710,55 C
DOAÇÕES E SUBVENÇÕES ....R$ 49.710,55 C
RECEITA C/ CONVÊNIO DIVERSOS ....R$ 49.538,30 C
CUSTEIO MUNICIPAL ....R$ 49.538,30 C

RECEITAS FINANCEIRAS CONVÊNIO ....R$ 172,25 C
JUROS/REMUN POUPANÇA CONVÊNIO ....R$ 172,25 C

CUSTOS E DESPESAS ....R$ 49.433,29
CUSTOS/DESPESAS ADMINISTRATIVA ....R$ 49,73 D
DESPESAS ADMINISTRATIVAS ....R$ 49,73 D
DESPESAS FINANCEIRAS ....R$ 49,73 D
DESPESAS BANCARIAS ....R$ 49,73 D

DESPESAS DE CONVÊNIO ....R$ 49.383,56 D
DESPESAS DE CONVÊNIO DIVERSOS ....R$ 49383,56 D
CONVÊNIO DIVERSOS ....R$ 49.015,26 D
CUSTEIO MUNICIPAL ....R$ 49.004,41 D

DEVOLUÇÃO VERBA AO CONVÊNIO ....R$ 10,85 D
DESPESAS FINANCEIRAS CONVÊNIO ....R$ 368,30 D
CPMF / TAR MANUT C/C CONVÊNIOS ....R$ 368,30 D
Demonstrativo do saldo final
Resultado do período
Superávit no período de R$ 335,35

Reconhecemos a exatidão do presente Demonstrativo do Resultado do período, cujo resultado apresentado é de R$ 335,35 (trezentos e trinta e cinco reais e trinta e cinco centavos).

Local, data

____________________ ____________________

Presidente da entidade Contador – CRC n.

Anexo III

EXERCÍCIO DE XXXX
DEMONSTRAÇÕES DE ORIGENS E APLICAÇÕES DA ENTIDADE

ORIGENS
Das operações..R$
Empréstimos...R$
DOAÇÕES...R$

APLICAÇÕES
IMOBILIZAÇÕES...R$
DISTRIBUIÇAO DE LUCROS..R$

A diferença é a CCL - CAPITAL CIRCULANTE LÍQUIDO.......................R$

Anexo IV

DEMONSTRAÇÃO DE LUCROS E PREJUÍZOS ACUMULADOS
EXERCÍCIO FINDO EM XX/XX/XXXX

	X1	X2
Saldos iniciais..	R$	R$
Ajustes de Exercícios anteriores	R$	R$
Aumento de capital...	R$	R$
Lucro líquido do exercício...	R$	R$
Saldo final		

X1 - EXERCÍCIO ATUAL
X2 - EXERCÍCIO ANTERIOR

Glossário - Unidade 3

Aporte - contribuição, subsídio ou ajuda financeira, usada para atingir algum fim.

Ativo - bens, direitos e valores a serem recebidos por uma entidade.

Ativo circulante - grupo de contas que fazem parte do patrimônio, podendo ser convertidas em dinheiro no curto prazo. São considerados ativos circulantes dinheiro em caixa, aplicações financeiras, mercadorias, títulos, e assim por diante.

Capital de giro - recurso de rápida renovação, como dinheiro, estoques e títulos de fácil negociação.

Capital - se refere a um valor quantitativo, usado para investir ou constituir uma entidade.

Disponível - recursos financeiros à disposição imediata da entidade.

Exigível em longo prazo - obrigações conhecidas e encargos estimados cujos prazos ultrapassam o prazo de doze meses.

Investimento - capital que se aplica a fim de se obter rendimentos futuros.

Passivo - são as obrigações, valores a serem pagos a terceiros.

Passivo circulante - obrigações da entidade que são pagas dentro de um período de doze meses, tais como contas a pagar, dívidas com fornecedores, impostos e assim por diante.

Patrimônio líquido - é formado pela diferença entre o valor dos ativos e dos passivos.

UNIDADE 4

AUDITORIA, ANÁLISE DE DOCUMENTOS, TÉCNICAS E NORMAS DE AUDITORIA

Na atividade de auditoria, temos a auditoria externa e interna.

1. Auditoria externa

A auditoria externa tem por finalidade submeter qualquer empresa que a contrate a um processo de avaliação para analisar a utilização dos recursos, a fim de verificar como estes estão sendo destinados. Ela tem, ainda, a incumbência de avaliar os controles internos da entidade.

O objetivo da auditoria externa é averiguar todos os procedimentos internos definidos pela empresa, buscando entender se os sistemas contábeis e os controles internos estão sendo realizados dentro dos critérios predeterminados na política interna definida pelos administradores ou gestores da entidade.

O trabalho do auditor externo é independente, sem vínculo empregatício, sendo que sua atenção se volta para a confiabilidade e autenticidade de todos os registros contábeis. Na maioria das vezes, o auditor externo trabalha em parceria com o auditor interno, com o objetivo de testar a eficiência dos sistemas que estão sendo utilizados.

O trabalho de verificação da situação patrimonial e financeira das empresas é de extrema importância para os futuros investidores e parceiros empresariais.

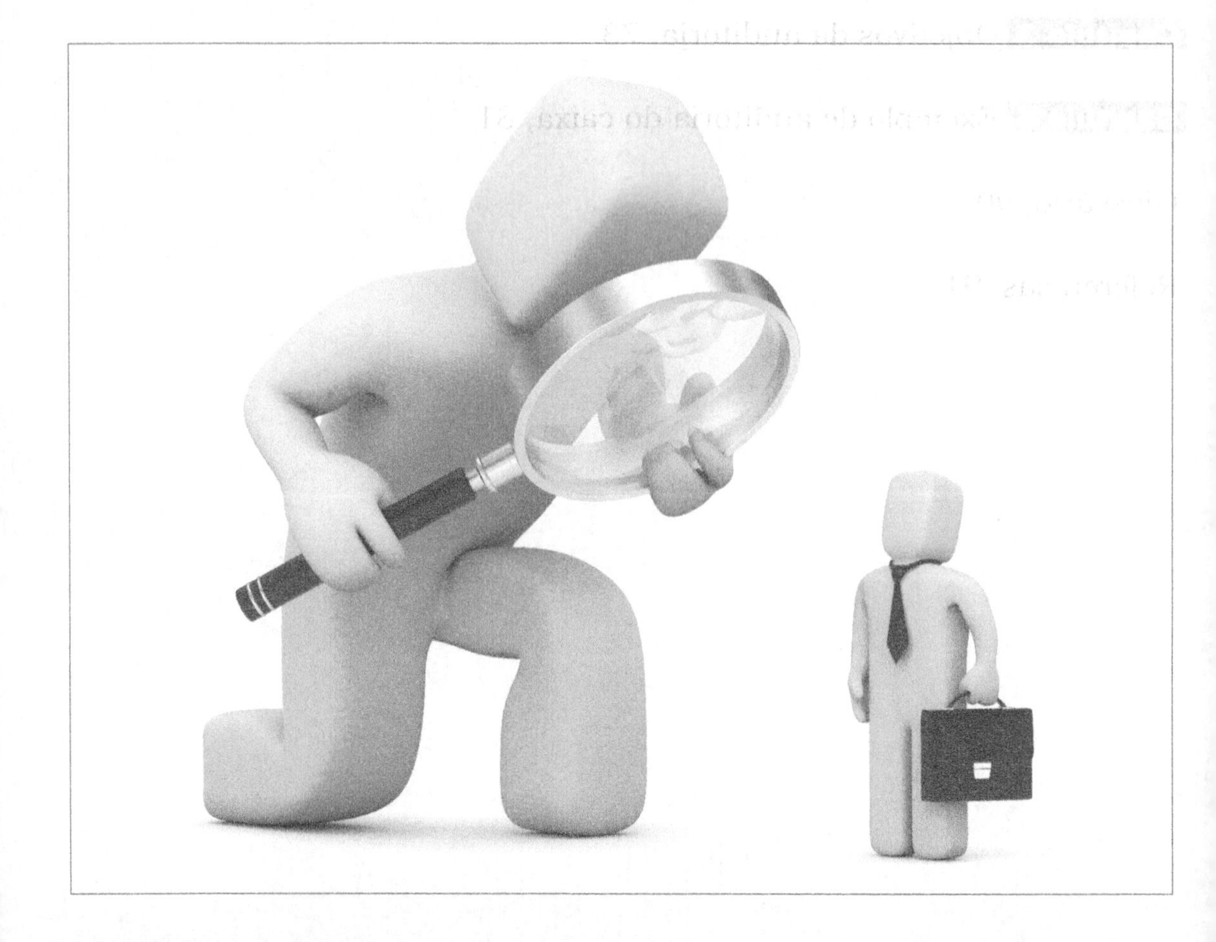

Portanto, a auditoria externa, para a entidade, atua como medida de segurança e confiança contra qualquer tipo de manipulação de dados e informações, estabelecendo dessa relação com o auditor independente, ou externo, a transparência, a veracidade e a confirmação de que os procedimentos internos estão sendo aplicados e controlados. Desta forma, é possível demonstrar para os investidores e parceiros que as informações apresentadas são fidedignas, confiáveis e transparentes, pois as contas são examinadas por um profissional independente.

2. Auditoria interna

Podemos definir a auditoria interna como uma técnica contábil em que são examinados, analisados, inspecionados, avaliados e, se necessário, investigados e confirmados todos os documentos e livros que deram origem aos registros contábeis, para que fique comprovada a autenticidade e a integridade da documentação contábil relacionada à situação econômica financeira e o controle patrimonial da entidade.

Assim, a auditoria interna é exercida por um profissional com vínculo empregatício contratado pela empresa ou entidade. Ele não é um subordinado aos atos e processos internos da entidade, pois é ele quem examina, analisa documentos e avalia a sua autenticidade e veracidade.

Devido à sua importância, o auditor interno não deve se envolver em nenhuma atividade da empresa na qual um dia ele tenha de auditar.

3. Objetivos da auditoria

O objetivo da auditoria é mensurar, com exatidão, se todos os registros contábeis atendem aos princípios fundamentais e às normas da contabilidade e se as demonstrações contábeis apresentam a realidade econômica financeira e patrimonial da organização.

Os exames de documentos pela auditoria estabelecem regras e procedimentos técnicos que devem ser observados e seguidos no decorrer da realização dos trabalhos.

Demonstrações contábeis é uma das técnicas da contabilidade que estuda e controla o patrimônio e fornece informações sobre a estrutura e a composição deste no decorrer do exercício. Sendo assim, a auditoria é uma das técnicas contábeis que tem por objetivo utilizar e avaliar as informações geradas pelas demonstrações contábeis.

É por meio da auditoria que se mensura a autenticidade e a confiabilidade dos registros e das demonstrações contábeis e este procedimento tem o objetivo de proporcionar segurança jurídica aos gestores da entidade, dando legitimidade e cre-

dibilidade a todos os atos praticados pela administração ou gestão, como também a comprovação de seus atos em defesa dos interesses da entidade.

A auditoria se reveste de ação preventiva, **saneadora** de problemas e moralizadora, ação essa que se confirma através dos relatórios gerados, da autenticidade e da veracidade dos registros e dos demonstrativos contábeis.

Além de informações internas, a auditoria tem interesses em informações externas, como as contas de terceiros, contas bancárias, extratos, contratos firmados, informações sobre bens patrimoniais e todos os registros que envolvam os relatórios gerados pela contabilidade, inclusive fatos que não foram registrados e que foram relatados por terceiros como funcionários, prestadores de serviços etc.

Todos os procedimentos utilizados pela auditoria interna se relacionam internamente com o ambiente da entidade, cujas finalidades são a organização do ambiente e a gestão de controles internos, a fim de aperfeiçoar tanto o processo administrativo quanto contábil. Isso ocorre por meio de recomendações de soluções que são apontadas nos relatórios próprios de auditoria.

A auditoria está pautada em técnicas próprias estruturadas em procedimentos com enfoque técnico, objetivo, sistemático e disciplinado.

As Normas Brasileiras de Contabilidade NBC T. 12 regulamentam a auditoria interna e estabelecem as regras de procedimentos técnicos a serem observados durante a realização dos trabalhos.

Conceituação e disposições gerais

12.1 – CONCEITUAÇÃO E DISPOSIÇÕES GERAIS

12.1.1 – Conceituação e Objetivos da Auditoria Interna

12.1.1.1 – Esta norma trata da atividade e dos procedimentos de Auditoria Interna Contábil, doravante denominada Auditoria Interna.

12.1.1.2 – A Auditoria Interna é exercida nas pessoas jurídicas de direito público, interno ou externo, e de direito privado.

12.1.1.3 – A Auditoria Interna compreende os exames, análises, avaliações, levantamentos e comprovações, metodologicamente estruturados para a ava-

liação da integridade, adequação, eficácia, eficiência e economicidade dos processos, dos sistemas de informações e de controles internos integrados ao ambiente, e de gerenciamento de riscos, com vistas a assistir à administração da entidade no cumprimento de seus objetivos.

12.1.1.4 – A atividade da Auditoria Interna está estruturada em procedimentos, com enfoque técnico, objetivo, sistemático e disciplinado, e tem por finalidade agregar valor ao resultado da organização, apresentando subsídios para o aperfeiçoamento dos processos, da gestão e dos controles internos, por meio da recomendação de soluções para as não-conformidades apontadas nos relatórios.

12.1.2 – Papéis de Trabalho

12.1.2.1 – A Auditoria Interna deve ser documentada por meio de papéis de trabalho, elaborados em meio físico ou eletrônico, que devem ser organizados e arquivados de forma sistemática e racional.

12.1.2.2 – Os papéis de trabalho constituem documentos e registros dos fatos, informações e provas, obtido no curso da auditoria, a fim de evidenciar os exames realizados e dar suporte à sua opinião, críticas, sugestões e recomendações.

12.1.2.3 – Os papéis de trabalho devem ter abrangência e grau de detalhe suficientes para propiciarem a compreensão do planejamento, da natureza, da oportunidade e da extensão dos procedimentos de Auditoria Interna aplicados, bem como do julgamento exercido e do suporte das conclusões alcançadas.

12.1.2.4 – Análises, demonstrações ou quaisquer outros documentos devem ter sua integridade verificada sempre que forem anexados aos papéis de trabalho.

12.1.3 – Fraude e Erro

12.1.3.1 – A Auditoria Interna deve assessorar a administração da entidade no trabalho de prevenção de fraudes e erros, obrigando-se a informá-la, sempre por escrito, de maneira reservada, sobre quaisquer indícios ou confirmações de irregularidades detectadas no decorrer de seu trabalho.

12.1.3.2 – O termo "fraude" aplica-se a ato intencional de omissão e/ou manipulação de transações e operações, adulteração de documentos, registros, relatórios, informações e demonstrações contábeis, tanto em termos físicos quanto monetários.

12.1.3.3 – O termo "erro" aplica-se a ato não-intencional de omissão, desatenção, desconhecimento ou má interpretação de fatos na elaboração de registros, informações e demonstrações contábeis, bem como de transações e operações da entidade, tanto em termos físicos quanto monetários.

12.2 – NORMAS DE EXECUÇÃO DOS TRABALHOS

12.2.1 – Planejamento da Auditoria Interna

12.2.1.1 – O planejamento do trabalho da Auditoria Interna compreende os exames preliminares das áreas, atividades, produtos e processos, para definir a amplitude e a época do trabalho a ser realizado, de acordo com as diretrizes estabelecidas pela administração da entidade.

12.2.1.2 – O planejamento deve considerar os fatores relevantes na execução dos trabalhos, especialmente os seguintes:

a) o conhecimento detalhado da política e dos instrumentos de gestão de riscos da entidade;

b) o conhecimento detalhado das atividades operacionais e dos sistemas contábil e de controles internos e seu grau de confiabilidade da entidade;

c) a natureza, a oportunidade e a extensão dos procedimentos de auditoria interna a serem aplicados, alinhados com a política de gestão de riscos da entidade;

d) a existência de entidades associadas, filiais e partes relacionadas que estejam no âmbito dos trabalhos da Auditoria Interna;

e) o uso do trabalho de especialistas;

f) os riscos de auditoria, quer pelo volume ou pela complexidade das transações e operações;

g) o conhecimento do resultado e das providências tomadas em relação a trabalhos anteriores, semelhantes ou relacionados;

h) as orientações e as expectativas externadas pela administração aos auditores internos; e

i) o conhecimento da missão e objetivos estratégicos da entidade.

12.2.1.3 – O planejamento deve ser documentado e os programas de trabalho formalmente preparados, detalhando-se o que for necessário à compreensão dos procedimentos que serão aplicados, em termos de natureza, oportunidade, extensão, equipe técnica e uso de especialistas.

12.2.1.4 – Os programas de trabalho devem ser estruturados de forma a servir como guia e meio de controle de execução do trabalho, devendo ser revisados e atualizados sempre que as circunstâncias o exigirem.

12.2.2 – Riscos da Auditoria Interna

12.2.2.1 – A análise dos riscos da Auditoria Interna deve ser feita na fase de planejamento dos trabalhos; estão relacionados à possibilidade de não se atin-

gir, de forma satisfatória, o objetivo dos trabalhos. Nesse sentido, devem ser considerados, principalmente, os seguintes aspectos:

a) a verificação e a comunicação de eventuais limitações ao alcance dos procedimentos da Auditoria Interna, a serem aplicados, considerando o volume ou a complexidade das transações e das operações;

b) a extensão da responsabilidade do auditor interno no uso dos trabalhos de especialistas.

12.2.3 – Procedimentos da Auditoria Interna

*12.2.3.1 – Os procedimentos da Auditoria Interna constituem exames e investigações, incluindo **testes de observância** e testes substantivos, que permitem ao auditor interno obter subsídios suficientes para fundamentar suas conclusões e recomendações à administração da entidade.*

12.2.3.2 – Os testes de observância visam à obtenção derazoável segurança de que os controles internos estabelecidos pela administração estão em efetivo funcionamento, inclusive quanto ao seu cumprimento pelos funcionários e administradores da entidade. Na sua aplicação, devem ser considerados os seguintes procedimentos:

*a) inspeção – verificação de registros, documentos e **ativos tangíveis**;*

b) observação – acompanhamento de processo ou procedimento quando de sua execução; e

c) investigação e confirmação – obtenção de informações perante pessoas físicas ou jurídicas conhecedoras das transações e das operações, dentro ou fora da entidade.

12.2.3.3 – Os testes substantivos visam à obtenção de evidência quanto à suficiência, exatidão e validade dos dados produzidos pelos sistemas de informação da entidade.

12.2.3.4 – As informações que fundamentam os resultados da Auditoria Interna são denominadas de "evidências", que devem ser suficientes, fidedignas, relevantes e úteis, de modo a fornecer base sólida para as conclusões e recomendações à administração da entidade.

12.2.3.5 – O processo de obtenção e avaliação das informações compreende:

I – a obtenção de informações sobre os assuntos relacionados aos objetivos e ao alcance da Auditoria Interna, devendo ser observado que:

*a) a informação suficiente é aquela que é **factual** e convincente, de tal forma que uma pessoa prudente e informada possa entendê-la da mesma forma que o auditor interno;*

b) a informação adequada é aquela que, sendo confiável, propicia a melhor evidência alcançável, por meio do uso apropriado das técnicas de Auditoria Interna;

c) a informação relevante é a que dá suporte às conclusões e às recomendações da Auditoria Interna;

d) a informação útil é a que auxilia a entidade a atingir suas metas.

II – a avaliação da efetividade das informações obtidas, mediante a aplicação de procedimentos da Auditoria Interna, incluindo testes substantivos, se as circunstâncias assim o exigirem.

12.2.3.6 – O processo deve ser supervisionado para alcançar razoável segurança de que o objetivo do trabalho da Auditoria Interna está sendo atingido.

12.2.3.7 – Devem ser adotados procedimentos adequados para assegurar que as ***contingências*** *ativas e passivas relevantes – decorrentes de processos judiciais e extrajudiciais, reivindicações e reclamações, bem como de lançamentos de tributos e de contribuições em disputa, – foram identificadas e são do conhecimento da administração da entidade.*

12.2.3.8 – No trabalho da Auditoria Interna, quando aplicável, deve ser examinada a observância dos Princípios Fundamentais de Contabilidade, das Normas Brasileiras de Contabilidade e da legislação tributária, trabalhista e societária, bem como o cumprimento das normas reguladoras a que estiver sujeita a entidade.

12.2.4 – Amostragem

12.2.4.1 – Ao determinar a extensão de um teste de auditoria ou um método de seleção de itens a serem testados, podem ser empregadas técnicas de amostragem.

12.2.4.2 – Ao usar método de amostragem, estatística ou não, deve ser projetada e selecionada uma amostra que possa proporcionar evidência de auditoria suficiente e apropriada.

12.2.5 – Processamento Eletrônico de Dados – PED

12.2.5.1 – A utilização de processamento eletrônico de dados pela entidade requer que exista, na equipe da Auditoria Interna, profissional com conhecimento suficiente sobre a tecnologia da informação e os sistemas de informação utilizados.

12.2.5.2 - O uso de técnicas de Auditoria Interna, que demandem o emprego de recursos tecnológicos de processamento de informações, requer que exista na equipe da Auditoria Interna profissional com conhecimento suficiente de forma a ***implementar*** *os próprios procedimentos ou, se for o caso, orientar, supervisionar e revisar os trabalhos de especialistas.*

12.3 – NORMAS RELATIVAS AO RELATÓRIO DA AUDITORIA INTERNA

12.3.1 – O relatório é o documento pelo qual a Auditoria Interna apresenta o resultado dos seus trabalhos, devendo ser redigido com objetividade e imparcialidade, de forma a expressar, claramente, suas conclusões, recomendações e providências a serem tomadas pela administração da entidade.

12.3.2 – O relatório da Auditoria Interna deve abordar, no mínimo, os seguintes aspectos:

a) o objetivo e a extensão dos trabalhos;

b) a metodologia adotada;

c) os principais procedimentos de auditoria aplicados e sua extensão;

d) eventuais limitações ao alcance dos procedimentos de auditoria;

e) a descrição dos fatos constatados e as evidências encontradas;

f) os riscos associados aos fatos constatados; e

g) as conclusões e as recomendações resultantes dos fatos constatados.

12.3.3 – O relatório da Auditoria Interna deve ser apresentado a quem tenha solicitado o trabalho ou a quem este autorizar, devendo ser preservada a confidencialidade do seu conteúdo.

12.3.4 – A Auditoria Interna deve avaliar a necessidade de emissão de relatório parcial, na hipótese de constatar impropriedades/irregularidades/ ilegalidades que necessitem providências imediatas da administração da entidade, e que não possam aguardar o final dos exames, considerando o disposto no item 12.1.3.1.

PARA SABER MAIS! Para consultar outras normas concernentes à Contabilidade, acesse o site do Conselho Federal de Contabilidade, na plataforma de consultas: <http://www2.cfc.org.br/sisweb/sre/Default.aspx>.

A auditoria interna segundo a norma

Como explicado anteriormente, o auditor interno é um profissional com vínculo empregatício e, por isso, ele não é subordinado ao processo interno da entidade na qual ele examina e analisa os documentos, avaliando a sua autenticidade e veracidade.

Conforme a NBC T. 12, a auditoria interna é o conjunto de procedimentos técnicos, cujo objetivo é examinar a integridade e a eficácia dos controles internos, além de todas as informações físicas (patrimônio), contábeis e financeiras da entidade.

A auditoria interna é exercida por pessoa física, na figura do contador, registrado e habilitado no Conselho Regional de Contabilidade, em que a Norma denomina auditor. O auditor não pode ser a pessoa do contador responsável pela contabilidade da organização, mas sim um contador independente.

A auditoria interna se dá através de procedimentos e regras próprias, por meio das análises, avaliações e exames de documentos, incluindo testes de observância e **testes substantivos**, que permitem ao auditor obter provas suficientes para evidenciar os exames realizados na documentação e registros contábeis.

Evidências são os resultados obtidos pela auditoria interna através de informações que fundamentam esses resultados, informações essas que devem ser fidedignas, relevantes e úteis, devendo fornecer base sólida para as conclusões dos auditores.

Os papéis de trabalho são todos os documentos e registros dos fatos, informações e provas coletadas pelo auditor interno, que serão utilizados ao final dos trabalhos para o julgamento e suporte das conclusões.

O termo fraude aplica-se a atos voluntários e conscientes de omissão, tais como manipulação de transações financeiras, adulteração de documentos, manipulação de relatórios e demonstrações contábeis, podendo se dar monetariamente ou fisicamente.

O termo erro aplica-se a atos involuntários, ou seja, a pessoa que erra não tem consciência do ato, que pode ocorrer por omissão, desatenção ou até por desconhecimento técnico do fato e das demonstrações contábeis.

O papel do auditor interno é assessorar a administração ou gestão da entidade a se prevenir contra erros e fraudes. Sempre que houver receio de erro ou fraude, o dever da administração é informar o auditor interno.

O planejamento de trabalho da auditoria Interna compreende os exames preliminares da organização, que são executados através de todas as áreas definidas nas atividades, produtos e processos, que norteiam o trabalho a ser realizado, conforme diretrizes preestabelecidas pela administração ou gestão da entidade. Portanto, através dos papéis de trabalhos é que o auditor interno deve documentar todos os eventos e elementos significativos que embasarão as conclusões ao final da missão.

Esses papéis devem ser organizados, limpos, bem elaborados e de fácil entendimento para futuras explicações e saneamentos de dúvidas, devendo ser arquivados de forma sistemática e racional (em ordem alfabética, de data etc.).

Ao examinar os demonstrativos contábeis, os relatórios e/ou quaisquer outros documentos, o auditor interno deve se certificar da autenticidade dos documentos e de sua exatidão sempre que esses façam parte de seu trabalho e das conclusões finais.

Com relação ao Processamento Eletrônico de Dados – PED, o Auditor Interno deve ser conhecedor dos sistemas eletrônicos de dados, a fim de avaliar e planejar o seu trabalho auditado. Sendo assim, a auditoria requer um profissional que domine completamente o sistema, de forma a **implementar** os próprios procedimentos.

Os relatórios internos da auditoria são confidenciais e só devem ser apresentados a quem os tenha solicitado ou a quem o solicitante autorizar.

Os riscos da auditoria interna ocorrem caso o auditor venha a emitir uma opinião tecnicamente incorreta sobre as demonstrações contábeis, como também opinião de ordem pessoal ao final da conclusão dos trabalhos. Portanto, ele deve abster-se ao resultado de suas avaliações, como os exames de documentos e as anotações de seus papéis de trabalho. É no planejamento da auditoria interna que devem ser considerados os riscos, ou os aspectos relevantes em nível geral e específico.

De modo geral, devem-se considerar as demonstrações contábeis no seu conjunto total, como todas as atividades, a avaliação do sistema contábil, dos controles internos, a situação econômica e financeira da entidade, assim como a qualidade da administração e gestão.

Em nível específico, deve-se atentar aos saldos contábeis, considerando no caso o volume ou a complexidade das transações e das operações.

4. Exemplo de auditoria do caixa

No ativo circulante disponível é que são registradas as operações e transações das contas do caixa e de bancos, representadas da seguinte forma:

- CAIXA – composição:
- Moeda em corrente nacional
- Cheques em trânsito
- Recebimentos não depositados
- Vales diversos
- BANCOS – composição:
- Toda movimentação bancária, como depósitos em cheque ou dinheiro, recebimentos de clientes, pagamentos de despesas.

Procedimento para auditar o caixa

I) Contagem do caixa:

a) a contagem do caixa deve ser previamente planejada e acompanhada pelo responsável (no caso, pelo auditor interno);

b) a contagem do caixa deve ser "surpresa";

c) deve ser contado na presença do responsável pelo caixa e nenhuma responsabilidade pode ser assumida sem a sua presença;

d) esteja atento para documentos antigos como vales a funcionários pendentes, cheques não depositados, recebimentos não depositados e ainda pendentes em caixa.

O papel de trabalho para a distribuição dos valores do caixa deve conter:

- nome da empresa;
- título do papel de trabalho (contagem de caixa);
- data e hora da contagem;
- nome do responsável pelo caixa;
- composição do caixa (notas, moedas, cheques, comprovantes, vales etc.).

Para as moedas correntes, deve-se colocar o total individualizado das notas que compõem o caixa, com detalhes da composição dos valores. Ao final, devem ser incluídas na declaração as assinaturas do responsável pelo caixa e do Auditor.

II) Declaração de auditoria do caixa

A declaração deverá conter o seguinte texto (ou semelhante):

"Esse caixa foi contado por um representante da auditoria interna, na presença do responsável do caixa, que recebo de volta íntegra".

Exemplo:

O responsável pela entidade escalou o tesoureiro para fazer a contagem do caixa, acompanhado do auditor interno. Dia 30/03 pela manhã, terça-feira.

O caixa foi apresentado da seguinte forma:

Saldo em dinheiro	R$ 2.800,00
Cheques recebidos de clientes (para depósito imediato)	R$ 3.500,00 –
Cheques pré-datados	R$ 1.500,00
Vales de funcionários	R$ 2.500,00
Cheques descontados de funcionários	R$ 2.200,00
Saldo inicial do caixa (30/03)	R$ 12.500,00

1) Os cheques descontados para os funcionários em caixa no valor de R$ 2.200,00 não tinham autorização (o desconto dos cheques não tinha sido autorizado)

Foi solicitado o caixa do dia anterior, que demonstrava a seguinte situação:

SALDO em 29/03	R$ 10.000,00
Ocorreu recebimento de clientes no valor de (Ainda não lançado)	R$ 2.000,00
Vendas à Vista no valor (29/03) (Ainda não lançado)	R$ 3.000,00
Pagamentos de despesas no valor de	R$ 2.500,00
Saldo final do caixa	R$ 12.500,00

Ao elaborar o boletim de contagem do caixa foi encontrada alguma irregularidade em relação aos valores, mas não foi detectada nenhuma diferença no caixa. Porém, foram encontrados no caixa cheques descontados de funcionários que não tinham sido autorizados, totalizando o valor de R$ 2.200,00.

Observe que o saldo anterior do caixa do dia 29/03 corresponde ao saldo inicial do dia 30/03, só não tinha sido registrado, ainda. Isso significa que o caixa está correto.

Anexo I

Formulário de contagem de caixa

NOME DA ENTIDADE
RAZÃO SOCIAL DA ENTIDADE

NOME DO CAIXA
NOME DO RESPONSÁVEL PELO CAIXA

DATA	HORA	CONTAGEM FEITA	DATA DA ÚLTIMA CONTAGEM
30/03	8:00		25/03

SALDO DO ÚLTIMO
MOVIMENTO DO CAIXA 29/03/_____ R$ 10.000,00

– SALDO EM CAIXA
+ VENDAS À VISTA R$ 3.000,00
+ COBRANÇAS REALIZADAS R$ 2.000,00
(–) PAGAMENTOS EFETUADOS (R$ 2.500,00)
+ OUTROS VALORES (*) R$ -0-
=VALOR CONFORME MOVIMENTO DO CAIXA R$ 12.500,00

VALOR ENCONTRADO, CONFORME
CONTAGEM REALIZADA.. R$

– EM DINHEIRO .... R$ 2.800,00

– EM CHEQUES DE CLIENTES .... R$ 3.500,00

– EM CHEQUES DE FUNCIONÁRIOS .... R$ 2.200,00

– EM VALES (*) (FUNCIONÁRIOS.................................... R$ 2.500,00

– OUTROS (*)(cheques pré-datados .... R$ 1.500,00

TOTAL DO CAIXA EM 30/03 .... R$ 12.500,00

DIFERENÇA CONSTATADA – SOBRA (FALTA) .... R$ .....ZERO

DECLARAÇÃO DO CAIXA:
Declara, para os devidos fins de auditoria interna, a importância acima de R$ 12.500,00, que representa a totalidade dos fundos em meu poder e me foi devolvido intacto.

_______________ _______________
Auditor interno Assinatura do Caixa

Local,_________ Data,_______________

Anexo II

Livro Movimento do Caixa

	MOVIMENTO DO CAIXA	MÊS:		
N.	HISTÓRICO	DOC	ENTRADA	SAÍDA
01	Vendas à vista	NFS	3.000,00	
02	Recebimentos de duplicatas	DM	2.000,00	
03	Pagamentos despesas	NFS		2.500,00
	TOTAL		5000,00	2.500,00
	Composição caixa	Saldo anterior	10.000,00	
	moeda – R$ 2.800,00	CAIXA ATUAL		12.500,00
	cheque – R$ 7.200,00	TOTAL	15.000,00	15.000,00
	VALES - R$ 2.500,00			

Assinatura: Tesoureiro _______________ Local, ______ Data ___/___/___

Assinatura: Gerente _________________

Modelo de reconciliação bancária

O problema abaixo apresenta diferença entre o saldo do extrato bancário e da conta analítica da contabilidade.

Observe que os cheque 850006, 850007 e 850008 foram lançados na contabilidade e não compensados dentro do mês de janeiro de 2015 (vamos definir como despesas).

O lançamento contábil, que deveria ter sido feito, é:

D – Despesas (no caso)

C – Crédito – (ativo) de cheques em trânsito.

Da compensação dos cheques, esses deveriam ser lançados em conta corrente contra cheque em trânsito.

1º – extrato bancário em 31/01/15

		(–)	(+)	
DATA	HISTÓRICO	DÉBITO	CRÉDITO	SALDO
31/12/14	Saldo anterior			25.000,00
02/01/15	CH. 850001	2.500,00		22.500,00
03/01/15	CH. 850002	850,00		21.650,00
10/01/15	CH. 850003	1.620,00		20.030,00
15/01/15	CH. 850004	2.800,00		17.230,00
15/01/15	DEPÓSITO		5.000,00	22.230,00
20/01/15	DEPÓSITO		3.000,00	25.230,00
21/01/15	CH. 850005	3.000,00		22.230,00
22/01/15	DEPÓSITO		4.000,00	26.230,00
30/01/15	DEPÓSITO		1.500,00	27.730,00
TOTAL		10.770,00	13.500,00	27.730,00

2º – razão analítico – contábil – mês janeiro/2015

DATA	HISTÓRICO	(-) DÉBITO	(+) CRÉDITO	SALDO
31/12/14	Saldo anterior			25.000,00
02/01/15	CH. 850001		2.500,00	22.500,00
03/01/15	CH. 850002		850,00	21.650,00
10/01/15	CH. 850003		1.620,00	20.030,00
15/01/15	CH. 850004		2.800,00	17.230,00
15/01/15	DEPÓSITO	5.000,00		22.230,00
20/01/15	DEPÓSITO	3.000,00		25.230,00
21/01/15	CH. 850005		3.000,00	22.230,00
22/01/15	DEPÓSITO	4.000,00		26.230,00
22/01/15	CH. 850006		3.500,00	22.230,00
30/01/15	DEPÓSITO	1.500,00		24.230,00
30/01/15	CH. 850007		2.800,00	21.430,00
30/01/15	CH. 850008		3.000,00	18.430,00
TOTAL		13.500,00	20.070,00	18.430,00

3º – reconciliação bancária:

Reconciliação bancária

	Extratos	Razão analítico
Saldo bancário em 31/01/15	R$ 27.730,00	R$ 18.430,00
(-) Ch. em trânsito		
30/01 – (-) Cheque 850006 (R$ 3.500,00)		
30/01 – (-) Cheque 850007 (R$ 2.800,00)		
30/01 – (-) Cheque 850008 (R$ 3.000,00)	(R$ 9.300,00)	-0-
SALDOS AJUSTADOS	R$ 18.430,00	R$ 18.430,00

Assim, os lançamentos dos cheques em trânsito na data de 30/01/15 deveriam ser:

Pelas despesas ocorridas com cheques em trânsito, ainda não compensados.

Cheques n. 850006/850007/850008 no valor total de R$ 9.300,00.

4º Pelo lançamento dos cheques em trânsito em 30/01/15

Pelo lançamento dos cheques em trânsito ainda não compensados em janeiro/2015

D – Despesas – .... R$ 9.300,00

C – Cheques em trânsito – (ATIVO CIRCULANTE) –

Da compensação dos cheques que ocorreram em 01/02/2015

5º Lançamento

Pela compensação de cheques em trânsito.

D – Cheques em trânsito

C – Banco – C.C. .... R$ 9.300,00

Anexo III

Modelo de controle bancário

Fluxo de caixa Transações Bancárias					
Transações efetuadas em conta corrente					
			SALDO	Em ___/___/___	R$ 0,00
Data	Descrição	Cheque	Saída	Entrada	R$ 0,00
					R$ 0,00
					R$ 0,00
					R$ 0,00
					R$ 0,00
					R$ 0,00
					R$ 0,00
					R$ 0,00
					R$ 0,00
					R$ 0,00
					R$ 0,00
					R$ 0,00
					R$ 0,00
					R$ 0,00
					R$ 0,00
					R$ 0,00
					R$ 0,00
					R$ 0,00
					R$ 0,00
					R$ 0,00
					R$ 0,00
					R$ 0,00
					R$ 0,00
					R$ 0,00
					R$ 0,00
					R$ 0,00
					R$ 0,00
					R$ 0,00
					R$ 0,00
					R$ 0,00
				SALDO EM ___/___/___	R$ 0,00

Local, ______________ Data _____/______/______

Assinatura _____________

Tesoureiro _____________

Gerente ______________

Glossário – Unidade 4

Ativos tangíves – bens da empresa que são concretos, que podem ser tocados, tais como imóveis, máquinas, veículos etc.

Contingências – um acaso, uma eventualidade ou, ainda, um acontecimento que tem como fundamento a incerteza do que pode ou não acontecer.

Evidências – aquilo que pode ser usado para corroborar que uma determinada afirmação é verdadeira ou falsa.

Factual – todo fato que ocorre e que deriva de um fato.

Implementar – verbo transitivo que significa executar. Também pode ser entendido como introduzir algum processo ou protocolo em um determinado local.

Saneadora – ato de sanear, curar, consertar, reparar ou solucionar.

Testes substantivos – visam à obtenção de razoável segurança de que os procedimentos de controle internos estabelecidos pela administração estão em efetivo funcionamento e cumprimento.

Testes de observância – visam à obtenção de uma razoável segurança de que os controles internos estabelecidos pela gestão estão sendo cumpridos.

Referências

ATTIE, William. *Auditoria interna.* São Paulo: Atlas, 1986.

BONESSO, Allaymer Ronaldo. *Manual de licitação e contrato administrativo.* 2. ed. Curitiba: Juruá, 2013.

BRASIL. Constituição (1988). *Constituição da República Federativa do Brasil.* Brasília, DF: Senado Federal, 1988. Disponível em: <http://www.planalto.gov.br/ccivil_03/constituicao/constituicaocompilado.htm>. Acesso em: 07 mar. 2015.

BRASIL. Lei n. 5.172/1966. *Dispõe sobre o Sistema Tributário Nacional e institui normas gerais de Direito Tributário aplicáveis a União, Estados e Municípios.* Disponível em: <http://www.planalto.gov.br/ccivil_03/leis/l5172.htm>. Acesso em: 08 mar. 2015.

FRANCO, Hilário. *Estrutura, análise e interpretação de balanços.* 15. ed. São Paulo: Atlas, 1992.

FRANCO, Hilário. *Auditoria contábil.* 4. ed. São Paulo: Atlas, 2001.

IUDÍCIBUS, Sérgio de. *Contabilidade introdutória.* 10. ed. São Paulo: Atlas, 2006.

MARION, José Carlos. *Contabilidade empresarial.* 5. ed. São Paulo: Atlas, 1994.

CONSELHO FEDERAL DE CONTABILIDADE. *Princípios e Normas Brasileiras de Contabilidade: Auditoria e Perícia.* 3. ed. São Paulo: CFC, 2008.

SILVA, De Plácido e. *Vocabulário Jurídico.* Atualizado por Nagib Slaib Filho e Glaucia Carvalho. 2. ed. Rio de Janeiro: Forense, 2010.

Maria de Fátima Lopes

Professora Titular da Universidade Federal de Viçosa (UFV-MG), é licenciada em Economia Doméstica pela DED/UFV, M.S., em Extensão Rural pela mesma instituição e D.S. em Antropologia Social (PPGAS-Museu Nacional/UFRJ). Tem pós-doutorado em Antropologia Social/Teoria Feminista pela UFRJ e Coordenadora Geral do Curso: Gestão de Políticas Públicas em Gênero e Raça-GPP-Ger (MEC/Capes/SPM/Secadi).

Impresso por